« RÉPONSES »

Collection créée par Joëlle de Gravelaine,
dirigée par Sylvie Angel et Abel Gerschenfeld

ELIZABETH DESHAYS

L'ENFANT BILINGUE

Traduit de l'anglais par James Bryant

ROBERT LAFFONT

Titre original : A BILINGUAL CHILD IN A MONOLINGUAL SOCIETY

ISBN : 2-221-10004-2

A mon mari, Guy
et à mes amis, Gilles et Barbara,
qui m'ont aidée et accompagnée
pendant toute l'élaboration de ce livre.

INTRODUCTION

Par une soirée d'hiver, assis au coin du feu, mon mari et moi-même discutions avec deux amis d'un sujet qui nous tenait à cœur : le bilinguisme des enfants. Ces amis sont, comme nous, un couple « mixte » franco-anglophone. Nous vivons tous en France.

La conversation portait sur la question suivante : faut-il parler deux langues aux jeunes enfants ? Nous étions en désaccord. Nos amis, qui attendaient leur premier bébé, avaient l'intention de lui apprendre chacun sa langue. Mon mari et moi parlions exclusivement le français à notre fille ; nous pensions, à l'époque, qu'il était préférable d'attendre qu'elle ait établi des fondements solides dans sa première langue avant de l'initier à une seconde. Assurément, les deux situations n'étaient pas identiques : nos amis communiquaient l'un avec l'autre autant en anglais qu'en français et projetaient de vivre un an aux États-Unis. Mon époux et moi-même avions toujours parlé le français ensemble et n'avions pas l'intention de quitter la France.

Nous avions tous amplement réfléchi à la question. Nous avions demandé conseil à des amis, à la famille, mais leurs opinions fort diverses semblaient trop étroitement liées à leur vie personnelle pour nous guider en la matière. Nous avions lu bien des ouvrages et des articles traitant du bilinguisme, mais ces études aboutissaient également à des conclusions contradictoires ; en outre, elles étaient souvent trop techniques et se perdaient dans les détails.

Notre dilemme était tout ce qu'il y a de plus réel. Nous pouvions offrir à nos enfants la chance inappréciable de devenir bilingues. Mais nous hésitions sur la méthode à suivre. Comme l'a écrit Françoise Estienne, dans *Le Langage et l'Enfant* : « Le langage est trop important dans la vie d'un homme pour encourir le risque de rater son apprentissage. » Et les risques ne sont pas imaginaires. Le bilinguisme n'est pas — ou ne devrait pas être — une fin en soi ; la façon dont il est cultivé chez un jeune enfant aura des effets, à long terme, sur son développement général. D'un autre côté, les exemples d'enfants qui vivent bien leur bilinguisme, de bilingues « réussis », abondent — et nous n'avions aucune raison de supposer que nos enfants ne feraient pas partie du lot. Nous avions besoin, comme tant d'autres parents, d'aide pour élaborer une stratégie qui favorise le développement naturel des deux langues, tout en minimisant les dangers pour le bien-être de l'enfant.

Nos amis et nous-mêmes avons finalement pris des décisions différentes. Il eût, évidemment, mieux valu que nous sachions à l'époque ce que nous savons aujourd'hui. Mais foin des regrets ! C'est au cours de cette mémorable soirée, autour de la cheminée, qu'est née l'idée de cet ouvrage. Il est, je l'espère, le guide que nous aurions souhaité avoir alors à notre disposition. Au lecteur de juger s'il remplit bien cette fonction pour lui-même.

A l'origine, je pensais mener une enquête et me contenter d'en présenter les résultats. Je voulais écrire un livre pratique, adapté à des situations concrètes : un guide à l'usage des parents qui souhaitent éduquer leurs enfants de façon bilingue et leur permettant de trouver une solution adaptée à leur cas particulier. Il s'agissait de leur fournir la matière première des expériences vécues par d'autres parents — afin qu'ils puissent élaborer leur propre stratégie.

Mon objectif est resté celui-là. Ce livre se veut un manuel pratique. Néanmoins, sa présentation a été modifiée par rapport au projet initial : j'ai fait précéder les résultats de l'enquête et leur discussion d'une partie plus théorique, où le bilinguisme et le langage en général sont abordés globalement. Des milliers de livres ont paru sur la question : cela va des opuscules les plus fantasques aux lourds traités philosophiques, en passant par les recherches psychologiques et les comptes rendus de tests scientifiques. Bien sûr, il n'était pas question de résumer tous ces travaux ; mais je ne pouvais non plus les passer entièrement sous silence. J'ai donc choisi de discuter, dans la première partie de l'ouvrage, d'un certain nombre de faits, d'hypothèses et d'idées qui m'ont paru pertinents. Mon critère a toujours été le suivant : l'intérêt qu'ils présentent pour les parents.

La deuxième partie de notre étude est fondée sur l'expérience de plus d'une centaine de personnes — soit de parents qui éduquent, ou ont éduqué, leurs enfants dans deux ou plusieurs langues, soit d'adultes ayant parlé deux langues depuis l'enfance. Les données recueillies l'ont été tantôt à travers des questionnaires, tantôt grâce à des interviews directes.

Les personnes interrogées venaient de plus de quinze pays différents et de milieux sociaux aussi diversifiés que possible.

De par la nature même de notre enquête, les informations recueillies ont un caractère entièrement subjectif. Les personnes interviewées ont répondu en toute liberté à des questions qui les concernaient ainsi que leurs enfants. Les inconvénients d'une telle approche sont évidents. La réponse d'une mère à une question concernant la réussite scolaire de son fils ne revêt pas la même valeur qu'un test objectif effectué sur l'enfant lui-même. En revanche, un tel test ne nous dirait pas s'il semblait heureux à l'école, ce qui est à mes yeux tout aussi important. De plus, j'ai posé des questions non directives afin de provoquer le maximum de commentaires spontanés. Il n'était pas possible, on le concevra, de traiter statistiquement les données recueillies. S'il m'arrive de signaler qu'un phénomène ou qu'une opinion se répètent fréquemment, je ne donne jamais de pourcentage. C'eût été là déformer les résultats de l'enquête : seules des questions « directives » permettent un tel traitement.

J'invite donc le lecteur à faire confiance à mes jugements, aussi partiaux soient-ils. Lorsque j'utilise des termes tels que « plusieurs », « fréquents » ou « rares », il s'agit de l'expression d'une tendance qui ressort de l'enquête mais n'est en aucune façon scientifiquement quantifiable.

Plus de cinquante pour cent des enfants dans le monde vivent dans des pays où le bilinguisme ou le multilinguisme sont la règle. L'enfant qui parle deux langues est donc loin d'être un phénomène exceptionnel. Cependant, notre étude ne traite pas principalement de pays où le bilinguisme constitue la norme, comme le Canada, la Belgique, ou de nombreux pays du tiers monde.

Tout d'abord, le sujet du bilinguisme chez l'enfant en général est trop vaste et déborderait le cadre de notre ouvrage. Ensuite, les études spécifiques concernant la situation dans des pays précis ne manquent pas. L'Unesco, notamment, a publié de nombreux rapports sur le sujet. Enfin, notre livre vise à répondre aux besoins de parents confrontés à un choix : vont-ils éduquer leur enfant de façon bilingue? Et si oui, comment?

L'enfant qui vit dans un pays bilingue apprend en général tout naturellement deux langues. La structure de la société, son système éducatif et ses coutumes y sont les mêmes pour tous les enfants, qui les assimileront de la même façon. Les parents n'ont guère besoin de conseils en la matière.

Ce livre traite du bilinguisme là où il constitue l'exception. Dans de telles conditions, l'apprentissage par l'enfant de deux langues ne correspond à aucun modèle en vigueur dans la société. C'est donc aux parents que revient la responsabilité de concevoir leur propre modèle.

Quelques indications sur le plan.

Les chapitres 4, 5 et 6 traitent de divers cas de figure, *selon le rapport entre la nationalité des parents et leur pays de résidence.* Cette classification m'a paru ici la plus adéquate, mais elle n'est pas exhaustive. J'aurais pu, par exemple, prendre pour critère l'âge de l'initiation à la deuxième langue.

Aucune situation n'est rigoureusement identique : les cas étudiés au chapitre 5 ont parfois davantage en commun avec des exemples regroupés dans d'autres chapitres qu'entre eux. Par exemple, la situation de deux parents immigrés de même nationalité qui travaillent tous les deux, et font garder leur enfant par une famille autochtone, relève pour l'essentiel du chapitre 5. Néanmoins, dans la mesure où il apprend deux langues simultanément, leur enfant est dans une situation très proche de celle de l'enfant d'un couple « mixte », et auquel chaque partenaire parle sa langue dès le départ (voir chapitre 6). Il est donc conseillé, dans un tel cas, de lire les deux chapitres.

Cet exemple s'applique à l'ensemble de l'ouvrage. J'ai tenté, autant que faire se peut, d'éviter de me répéter. C'est pourquoi je recommande au lecteur de le lire en entier.

PREMIÈRE PARTIE

1

QU'EST-CE QUE LE BILINGUISME ?

Le dictionnaire de la langue française connu sous le nom de *Petit Robert* donne de l'adjectif « bilingue » la définition suivante :

« Qui est en deux langues, qui parle, possède deux langues. »

A y bien réfléchir, cette définition en apparence anodine recouvre bien des ambiguïtés et des incertitudes. Une question surgit d'emblée : à partir de quel niveau de connaissance et de maîtrise peut-on dire d'un individu qu'il « possède » ou qu'il parle une langue ? Suffit-il de savoir demander son chemin dans la rue ? Faut-il être capable de participer à une discussion hautement abstraite ? Un accent « parfait » est-il indispensable ? De toute évidence, une définition plus précise s'impose à qui veut approfondir la question.

Le *Concise Oxford Dictionary* ajoute, pour sa part, la notion suivante : « ... qui est *écrit* en deux langues ». Ainsi, un poème, un discours, un article pourraient être bilingues. Terrain glissant : on suppose ici que le même texte pourrait exister tel quel en deux langues... Mais alors, il revêtirait, en quelque sorte, une existence indépendante des deux langues en question — et du langage lui-même ! C'est là une idée fort répandue : la plupart des gens pensent qu'être bilingue c'est être capable de dire ou écrire *la même chose dans deux langues différentes.*

Ce qui est en cause ici, c'est notre conception même de la langue, de son rapport à la subjectivité individuelle et au monde extérieur. Cette question est d'une importance décisive pour saisir ce qu'est le bilinguisme. Il nous faut donc la clarifier avant d'entrer dans le vif du sujet.

Un peu partout dans le monde, des mythes évoquent un temps où existait une langue unique : la langue originelle, parfaite et universelle, où « les mots et les choses coïncidaient exactement. Chaque nom, chaque proposition formait une équation, aux racines précisément et rigoureusement définies, mettant en jeu la perception humaine et les faits en cause ». Puis vint la construction et la destruction de la tour de Babel — ou une catastrophe de ce type. L'homme fut condamné à être séparé à jamais de ses semblables par sa langue particulière, qui n'était plus désormais qu'un des soixante-douze fragments de la langue originelle désintégrée. Il était également séparé de la réalité : en effet, alors que « la langue d'Eden était transparente comme le verre, traversée par la lumière de la connaissance globale », le discours de l'homme « s'interpose entre la perception et la vérité comme une vitre poussiéreuse ou un miroir déformant ».

Depuis Darwin, rares sont ceux qui croient à une perfection originelle. Une telle conviction s'est réfugiée dans la pensée symbolique ou est devenue une affaire strictement personnelle. Il est vrai que l'école linguistique, une tendance vénérable et encore prospère, soutient que toutes les langues sont taillées selon un modèle universel. Cette position perpétue, en quelque sorte, le mythe de la langue originelle unique. Mais la quête des principes invariants qui fonderaient son modèle structurel n'a donné, jusqu'à présent, que de maigres résultats.

Nonobstant les mythes et les structures, les faits sont têtus : la situation actuelle correspond à celle annoncée par les plus anciennes traditions. On estime que l'homme d'aujourd'hui parle de quatre à cinq mille langues différentes. Chaque langue se présente comme spécifique, irréductible et arbitraire. Son rapport à la vérité est non nécessaire. C'est là un phénomène incontournable. Peu de gens, même parmi ceux qui utilisent en permanence deux langues ou davantage, en sont conscients.

Nous ignorons à quel moment le langage humain est apparu. Au demeurant, nous ne parviendrons sans doute jamais à déterminer cet instant avec certitude. Les hypothèses des anthropologues divergent : certains affirment qu'il est né lorsque les ancêtres de l'homme sont descendus des arbres ; d'autres estiment qu'il s'est probablement développé parallèlement à l'utilisation des premiers outils. Quoi qu'il en soit, on s'accorde en général à reconnaître que l'aptitude à communiquer par la langue est une partie intégrante et essentielle de ce que nous appelons l' « homme ». C'est par là que nous nous distinguons le plus radicalement des singes.

L'éminent biologiste Jacques Monod va jusqu'à suggérer que le langage aurait créé l'homme, plutôt que l'homme le langage. Selon lui, l'apparition des premiers éléments du langage dans le cerveau pré-humain aurait induit et permis l'immense et complexe processus de ramification de ce qui allait devenir le cerveau de l'homme.

En effet, le langage humain est différent des langages animaux tels ceux des abeilles, des fourmis ou des dauphins (pour autant que nous puissions les connaître) : la communication avec d'autres membres de l'espèce ne représente qu'une de ses fonctions. Le langage humain n'est pas seulement communication avec les autres, il est communication avec soi-même — en d'autres termes, il est conscience réflexive. Il est « la plus merveilleuse des inventions humaines », la condition *sine qua non* de la pensée elle-même.

Le développement simultané du langage et de l'intelligence chez l'enfant humain reproduit, à bien des égards, la transformation capitale du cerveau préhumain en cerveau humain, le passage du singe à l'homme. Jusqu'à l'âge de neuf à douze mois, l'intelligence d'un bébé est comparable à celle d'un chimpanzé. Si le jeune enfant n'entend pas parler autour de lui et s'il ne commence pas à parler lui-même, il n'apprendra jamais à penser. Cette période de développement du cerveau est décisive et ne se représentera jamais plus. Les cas d'enfants élevés par des animaux et sans rapports avec des êtres humains le démontrent clairement. Si le cerveau est privé de contact avec le langage à un certain âge, il ne se développera pas normalement. Ainsi, la capacité de l'adulte à penser et à agir avec intelligence dépend entièrement de l'apprentissage du langage chez l'enfant. En effet, les neurones cérébraux qui permettent à l'homme, d'un point de vue biologique, de penser sont inutiles s'ils ne sont pas stimulés par le langage. Car le langage n'est pas seulement le moyen terme à travers lequel la pensée est communiquée, il est le médium grâce auquel elle *existe.*

« L'insuffisance de l'enfant qui ne sait pas encore parler n'est pas qu'expression incorrecte d'une intelligence encore inapte à s'exprimer, elle correspond à une insuffisance intellectuelle, à un fonctionnement cérébral encore confus, elle traduit une pensée encore informe et déficiente et qui le resterait si elle ne s'éveillait pas elle-même en construisant le langage intérieur. »

Bien que la recherche scientifique moderne sur le rapport entre la pensée et le langage soit relativement récente, leur interdépendance totale est reconnue depuis longtemps par de nombreux penseurs. (Celle-ci ne s'est toutefois pas encore imposée au sens commun.) En 1697, Leibniz écrivait : « Le langage n'est pas le véhicule de la pensée mais son médium déterminant. » Le langage n'exprime pas une pensée qui lui préexisterait. Le langage précède la pensée et procède d'elle. Il est ce qui permet à la pensée d'exister — et, en même temps, il est utilisé par la pensée. Cette complémentarité permanente et absolument nécessaire est illustrée par la célèbre maxime : « Ce qui se conçoit bien s'énonce clairement. » Elle a été parfaitement résumée par Delacroix : « La pensée fait le langage en se faisant par le langage. »

En grec, le mot *logos* signifie à la fois « parole » et « raison ». En hébreu, *dabar* désigne aussi bien la « parole » que l'« action ». Ainsi, dans ces deux langues anciennes, la double nature du langage est explicite. Nous avons déjà abordé le premier volet de cette dualité : le langage dans sa fonction de communication intérieure, avec soi-même, et son rapport à la pensée.

Le second volet (le langage en tant que moyen de communication avec l'extérieur, son rapport au monde et à l' « autre ») présente également une interdépendance inextricable, la même interaction permanente entre, cette fois, la subjectivité individuelle et le monde extérieur.

Comme l'a bien dit Merleau-Ponty, « l'enfant pénètre dans le domaine de la langue par des portes qu'on ne peut ouvrir de l'intérieur ». Nous l'avons vu, ce n'est qu'au contact du monde environnant que l'enfant apprend à parler. Cependant, la langue qu'il apprend demeure, à bien des égards, purement personnelle. Les mots qu'il apprend de la bouche des autres n'acquièrent de sens que dans le cadre de son expérience subjective. Pour lui, la signification globale du mot « maman » est en partie déterminée par le rapport qu'il entretient avec sa mère réelle. Seulement en partie, bien sûr : le langage, en tant que moyen de communication avec les autres, fonctionne bel et bien. Il permet aux gens de communiquer par-delà les différences. Mais jamais complètement, jamais parfaitement. Car, à mesure que l'enfant se développe et commence à penser (seulement à travers le langage, comme nous l'avons vu), sa perception du monde colore d'une nuance particulière les mots qu'il a appris des autres. Cette perception sera analysée à travers un idiome qui lui est déjà bien personnel. Le langage maîtrisé par l'enfant deviendra, de plus en plus, à la fois un moyen de communication social efficace et sa langue « privée » — avec d'infinies subtilités qui lui sont propres. Toute communication un tant soit peu élaborée entre deux hommes doit passer à travers le langage. Celui-ci peut être considéré comme « un assemblage inépuisable de significations multiples qui sont, en dernier ressort, irréductiblement personnelles ».

Certes, toute « langue » est partagée par ceux qui l'ont apprise au berceau. Mais cette qualité commune n'épuise en aucune façon ses potentialités.

Dans une même « langue », chaque mot présente diverses connotations qui fluctuent au gré des périodes historiques, des régions, des classes sociales, des générations et, bien entendu, de l'histoire de chaque individu. A vrai dire, chacun parle sa propre langue et toute communication verbale implique, aussi bien de la part de l'émetteur que du récepteur, un processus de traduction.

Comment, dans ces conditions, définir le *langage* ? Comment définir la *langue* ? Saussure explicite ainsi la distinction entre ces deux termes : « La langue est un système que l'on peut apprendre à n'importe quel âge et de multiples fois dans une vie, tandis que le langage est une aptitude cognitive et communicative, liée au développement de l'enfant et que celui-ci n'acquiert qu'une fois pour toutes à un âge bien précis et à l'occasion de sa langue maternelle. »

La langue maternelle est la lunette à travers laquelle un individu contemple le monde, le moyen par lequel il le saisit ; elle organise les données qu'il en reçoit ; elle est un moule où il verse l'argile informe de l'existence afin de la structurer. Elle est un « comportement verbal », un *Weltanschauung*, un mode de vie.

Le bilinguisme : une réalité impossible ?

Nous avons évoqué la nature relative, fluctuante, double (sociale/individuelle), arbitraire, imparfaite et infinie du langage — en même temps que son importance incommensurable : il est, en effet, le moyen par lequel l'homme appréhende, comprend et communique toute expérience, le médium par lequel il est homme.

A la lumière de ces constatations, le phénomène du bilinguisme (la maîtrise naturelle de deux langues) pourrait sembler extraordinairement complexe — et même impossible. En effet, l'aptitude à parler une seconde langue n'exige pas seulement l'acquisition de nouvelles connaissances. Elle implique une nouvelle vision, une nouvelle interprétation du monde. Si l'on considère le mouvement permanent d'expression créative qui passe par le médium du langage — de l'individu vers les autres et réciproquement —, le bilinguisme devrait, en toute logique, produire un sujet complètement anormal, une double personnalité, au sens le plus profond du terme. Ce préjugé demeure tenace. Il a même été érigé, à certaines périodes de l'histoire, en dogme politique et pseudo-scientifique. Il ne semble toutefois pas correspondre à la réalité.

Deux langues et un cerveau

De nombreuses sociétés et bien des individus de par le monde en témoignent : la condition bilingue n'est pas, en elle-même, dangereuse pour la personnalité d'un individu. Il convient, toutefois, de noter que nous savons fort mal comment deux ou plusieurs langues coexistent dans un même cerveau.

Le célèbre critique littéraire George Steiner est naturellement trilingue, et même « équilingue ». Il écrit : « Je maîtrise aussi bien l'anglais, le français et l'allemand... Je ressens mes trois premières langues comme des centres parfaitement équivalents de moi-même. Je les parle et les écris avec une égale aisance. » Évoquant divers aspects de son trilinguisme, Steiner pose les questions suivantes : l'une de ses trois langues ne serait-elle pas — inconsciemment — plus profondément enracinée que les autres ? Faut-il penser différentes langues, chez un même sujet, comme superposées sur des plans différents ? Ou bien, au contraire, ces langues ne se sont-elles pas développées simultanément à partir d'un noyau commun ? Dans cette dernière hypothèse, chaque langue formerait une totalité propre, tout en restant en contact permanent avec les autres. Peut-on posséder « avec une égale aisance » plus de trois langues ? Une mentalité polyglotte diffère-t-elle fondamentalement d'une mentalité « monoglotte » ?

Aucune de ces questions ne peut recevoir de réponse définitive. Peu de recherches psychologiques ont été entreprises concernant la façon dont les bilingues ou multilingues vivent leur condition. Quant à nos connaissances sur le fonctionnement du cerveau, elles demeurent, à l'heure actuelle, bien trop embryonnaires pour nous venir en aide.

En revanche, les résultats des recherches sur le langage en général, sur ses rapports avec la pensée individuelle et le monde extérieur, peuvent être étendus au domaine du bi- et du multilinguisme. Ils ont donné naissance à plusieurs théories de l'individu bilingue et de son rapport double au monde.

Nous nous inspirons ici de la théorie de Maurice Van Overbeke. C'est celle qui nous paraît la plus convaincante, qui exprime le mieux — à la lumière de nos connaissances et de notre perception actuelles du phénomène — la réalité du bilinguisme. Elle nous servira de base de réflexion.

Dans son ouvrage : *Introduction au problème du bilinguisme,* Van Overbeke soutient que le bilinguisme n'est ni l'expression double d'une réalité unique ni la traduction en deux idiomes d'un langage intérieur idéal qui se situerait quelque part entre l'expérience et l'expression. Le bilinguisme est bien plutôt « la faculté de se mouvoir sensément et efficacement dans deux mondes parlés au moyen de deux idiomes ». Il illustre cette définition à l'aide d'un schéma fort simple :

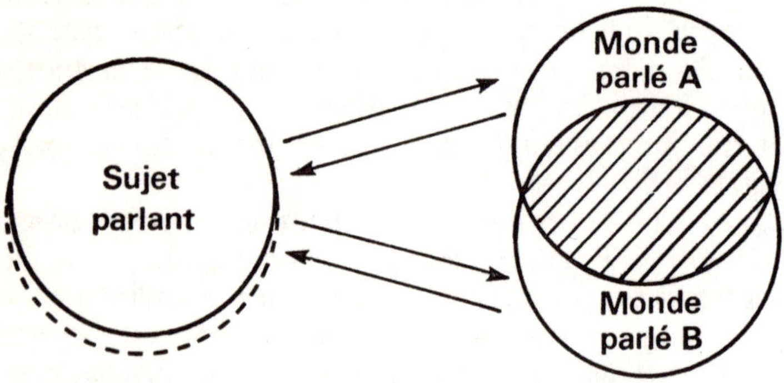

Ainsi, le sujet serait en interaction avec deux « mondes parlés » différents mais qui se chevauchent plus ou moins, selon leur degré de concordance. Les limites du sujet qui entretient un rapport avec ces deux mondes peuvent varier en fonction de l'influence qu'ils exercent sur lui à un moment donné. Prenons l'exemple d'un sujet bilingue qui parle une langue A avec ses collègues pendant la journée, et passe à une langue B lorsqu'il dîne en famille : il analysera, dans chacun de ces contextes, le monde en termes différents, selon des structures différentes. On pourrait dire qu'il est, dans les deux situations, une personne légèrement différente.

L'écrivain franco-américain Julien Green a tenté de traduire un de ses livres, écrit en français, en anglais. Il se rendit vite compte que c'était là une tâche impossible. « C'était, raconte-t-il, comme si, écrivant en anglais, j'étais devenu une autre personne. » Mais c'est là, au fond, une variante d'un phénomène psychologique banal : nous présentons une personnalité différente selon nos interlocuteurs et selon l'idiome que nous partageons avec eux (parler, dialecte ou simplement adaptation sociale de la langue). C'est pourquoi un professeur d'université français aura vraisemblablement au moins autant en commun — culture, goûts, vision générale du monde — avec son collègue allemand qu'avec un ouvrier agricole de son propre pays, malgré leur « langue » commune.

Les traits saillants de l'analyse de Van Overbeke sont les suivants :

— *primo,* les mondes différents vécus par la même personne à travers deux langues différentes peuvent avoir beaucoup en commun, mais ne sont jamais identiques ;

— *secundo,* si le sujet bilingue est effectivement potentiellement schizophrène, il ne l'est pas nécessairement davantage qu'un sujet monolingue. *Car les différences entre une langue et une autre ne sont que des degrés successifs de la gamme de différences qui existent entre deux hommes qui se parlent.*

Il est vrai que les deux faces de la personnalité d'un individu bilingue, qui s'efforcent constamment d'atteindre l'unité apparente de l'individu dit « normal », peuvent présenter un point vulnérable, une fissure qui, dans des conditions particulièrement stressantes, est susceptible de s'élargir. Mais, d'un autre côté, le bilingue jouit d'une vision plus vaste, il a moins tendance à ériger son mode de vie particulier en modèle absolu et à s'y accrocher comme à une planche de salut. En outre, il a conscience de la nature arbitraire du langage, il s'est émancipé de l'illusion selon laquelle il y aurait un rapport absolu entre le mot et la chose, entre le langage et la réalité. Une telle lucidité peut lui assurer une plus grande capacité à s'adapter et à trouver son propre équilibre face aux difficultés de la vie. Certes, tout cela reste quelque peu théorique. Mais les faits sont là qui confirment la réalité de ces avantages. *Rien ne démontre que les individus bilingues ou multilingues risquent davantage de devenir schizophrènes que des sujets « monolingues ».*

Nous analyserons par la suite ces questions plus en profondeur. Tentons, pour l'instant, d'esquisser une définition du bilinguisme.

Peut-on définir le bilinguisme ?

Selon André Martinet, « le bilinguisme commence à partir du moment où un individu est capable, en deux langues différentes, de se faire comprendre ». On considère souvent, par ailleurs, qu'une personne bilingue est quelqu'un capable de se fondre sans se faire remarquer dans deux sociétés parlant des langues différentes. Entre ces deux définitions, on trouve bien des degrés de bilinguisme. A vrai dire, ici, le terme de « degré » est inadéquat : il laisse entendre que tous les cas de bilinguisme pourraient être classés selon un ordre et des critères précis — ce qui est, de toute évidence, faux. Titone, dans *Le Bilinguisme précoce,* suggère qu'il n'existe pas seulement divers degrés mais également divers types de bilinguisme. Mackey, pour sa part, décrit un certain nombre de ces types :

— les individus qui parlent deux langues couramment mais dont la langue maternelle continue à exercer une influence manifeste sur le maniement et la prononciation de la seconde langue ;

— les individus qui parlent deux langues mais aucune des deux comme un autochtone ;

— les individus qui possèdent, aussi bien que les autochtones, les structures et le vocabulaire de deux langues mais ne prononcent bien qu'une seule d'entre elles ;

— les individus qui prononcent à la perfection deux langues mais ne maîtrisent que partiellement la grammaire de l'une d'entre elles ;

— enfin, les individus qui maîtrisent un vocabulaire également étendu dans deux langues, mais dans des domaines fort éloignés. Citons, à ce sujet, Halliday : « Il existe sans doute dans le monde des millions de gens dont l'anglais est la seconde langue et qui ont atteint un degré élevé de bilinguisme, mais qui ne pourraient faire ni l'amour ni la vaisselle en anglais — pas plus qu'ils ne sont capables de discuter médecine ou aéronautique dans leur langue maternelle. »

Titone complète cette énumération en relevant d'autres facteurs significatifs :

— Quel rôle joue chacune des langues à diverses périodes de la vie d'un individu et quel équilibre dynamique s'établit entre elles ?

— Peut-on considérer un dialecte comme une langue différente ? Si oui, à partir de quel moment ?

— Dans quelle mesure le prestige social qui s'attache à certaines langues influence-t-il le vécu du bilingue ?

— Comment une langue en influence-t-elle une autre dans une situation bilingue ?

Titone s'affirme en accord avec Mackey sur le point suivant : le bilinguisme (ou le multilinguisme) est un concept relatif. La question n'est donc jamais : « Cette personne est-elle bilingue ? », mais plutôt : « De quelle façon est-elle bilingue ? »

Cette démarche est judicieuse. Mais elle rend très difficile toute discussion sur la question du « bilinguisme ». Pour simplifier notre propos, nous esquisserons une définition du terme, tel qu'il sera utilisé dans le présent ouvrage — et, à chaque fois qu'un cas offrant quelque variante se présentera, nous le signalerons explicitement.

Nous avons établi qu'un sujet n'est pas simplement plus ou moins bilingue, mais qu'il est bilingue *d'une façon déterminée.* Cela dit, nous pouvons néanmoins classer les cas de bilinguisme en deux catégories fondamentales, suivant la distinction proposée par Lewis Balkan dans *Les Effets du bilinguisme français-anglais sur les aptitudes intellectuelles.*

Bilinguisme composé ou coordonné ?

On peut distinguer, selon la façon concrète dont deux langues coexistent chez un même individu, le bilinguisme « composé » et le bilinguisme « coordonné ».

Il y a *bilinguisme composé* lorsque la seconde langue a été apprise et vécue exclusivement à travers la médiation de la langue maternelle.

Les méthodes traditionnelles d'apprentissage des langues, fondées sur l'étude théorique de règles grammaticales et la traduction de textes écrits, sévissent malheureusement encore dans la plupart des écoles. Elles permettent à certains d'accumuler une masse impressionnante de vocabulaire et même parfois de s'exprimer avec une certaine facilité — mais l'idiome ainsi parlé est très éloigné de celui d'un autochtone. Il est artificiel, détaché de la culture dont il fait partie. Tout se passe comme si l'on avait greffé un système linguistique sur les racines d'un autre. Le résultat est souvent plutôt saugrenu ! Chacun a pu rencontrer de ces gens qui, ayant appris une langue dans des livres scolaires, tiennent des discours parfaitement « corrects » mais qui sonnent « faux » à l'oreille. Un tel effet étrange est d'autant plus accentué que la langue maternelle est éloignée, culturellement et linguistiquement, de la seconde langue.

Deux langues, quelles qu'elles soient, ont toujours un terrain commun où les « équivalents de traduction » (par exemple, « book » en anglais et « livre » en français) recouvrent approximativement le même champ sémantique. Plus ce terrain commun est réduit, plus le discours du bilingue « composé » dans sa seconde langue sera éloigné de celui d'un autochtone.

Le bilingue coordonné, au contraire, a appris sa seconde langue en l'utilisant comme moyen de communication dans un contexte naturel. Il s'est forgé un ensemble d'habitudes mentales qui participent d'un système linguistique indépendant de celui de sa langue maternelle. Pour traduire de l'une de ses langues vers l'autre, il n'adoptera pas automatiquement l'« équivalent de traduction » ; il « oubliera » les mots du texte et cherchera en lui l'idée la plus proche (quoique jamais identique), puis extériorisera cette deuxième idée dans l'autre langue. (Certains considèrent que les bilingues composés font de meilleurs traducteurs que les bilingues coordonnés. Selon eux, ces derniers seraient incapables de s'en tenir au sens strict du texte originel et l'interprètent dans un contexte culturel qui n'est pas le sien. Mais cela se discute, et les avis sont fort partagés sur la question. Tout dépend, bien entendu, de la conception que l'on se fait de l'art de traduire.)

Ces deux types de bilingues représentent des cas extrêmes. De tels cas existent et sont même assez fréquents. Mais entre ces deux pôles on rencontre toute une série de sujets bilingues qui appartiennent, à des degrés divers, aux deux catégories.

La nature et la qualité du bilinguisme d'un individu dépendent essentiellement de deux facteurs. D'abord, *de quelle façon* a-t-il acquis sa seconde langue ? Ensuite, *à quel âge* ? La seconde langue devrait être assimilée en tant que mode indépendant de pensée et de communication, et non comme une traduction de mots et de phrases de la langue maternelle. Elle devrait être apprise dès la plus tendre enfance (âge idéal : avant huit ans). Ces deux conditions sont indispensables si l'on veut atteindre un vrai bilinguisme, de type « coordonné ».

Il est désormais clair que, lorsque nous utilisons le terme de « bilinguisme », nous nous référons au type « coordonné ». A partir de quel seuil un individu peut être considéré comme bilingue coordonné ? Dans le présent ouvrage, nous avons opté pour le critère suivant : est bilingue tout individu qui comprend et parle deux langues avec une aisance et une envergure comparables à celles d'un autochtone d'origine sociale et culturelle similaire.

En résumé :

A l'issue de ce premier chapitre, retenons quatre notions essentielles :

1. Le langage est inséparable de la pensée et revêt à ce titre une importance incommensurable : il est le médium à travers lequel tout homme appréhende et réagit à l'expérience vécue.

2. La notion de « langue » est *relative.* Ce qui sépare deux langues n'est pas qualitativement différent de ce qui distingue entre eux deux idiomes d'une même langue.

3. Étant donné l'interdépendance de la pensée et du langage, une personne bilingue ne dit pas « la même chose » dans deux langues — ce qui est, au demeurant, impossible. Il appréhende le monde, le comprend et réagit selon deux systèmes linguistiques (et donc mentaux) différents.

4. Il existe bien des définitions possibles du bilinguisme. Nous avons adopté ici la suivante : le bilinguisme désigne la capacité d'un individu à utiliser deux langues avec une correction phonétique suffisante pour éliminer tout obstacle à la bonne compréhension de ce qu'il dit, ainsi qu'une maîtrise du vocabulaire et des structures grammaticales comparables à celles d'un autochtone du même milieu social et culturel.

2
LES AVANTAGES DU BILINGUISME

Le 20 septembre 1980, le Conseil régional du Val d'Aoste a adressé une pétition officielle au gouvernement italien. Elle lui demandait de proposer à l'Assemblée générale des Nations unies d'ajouter les clauses suivantes à la Déclaration universelle des droits de l'homme :

« Toute personne a droit :

— à la connaissance approfondie de la langue maternelle,

— à la connaissance utile d'une langue vivante de communication mondiale, qui, par-delà la culture nationale que tout homme reçoit et doit recevoir, lui permette de participer pleinement et directement à la culture mondiale et au dialogue universel. »

Nous vivons dans un monde que l'on peut traverser en avion en quelques heures, où l'on peut se parler à des milliers de kilomètres de distance, et bientôt communiquer visuellement par écrans interposés ; un monde où aucune économie ne peut fonctionner en autarcie ; un monde où il suffirait d'appuyer sur un bouton pour déclencher une guerre mondiale. Et, dans ce monde, les hommes communiquent en... quatre à cinq mille langues différentes ! Dans ces conditions, la proposition du Conseil du Val d'Aoste apparaît non seulement pertinente, mais d'une nécessité absolue ! Comme le disait Léopold Senghor : « Il ne saurait exister de coopération réelle entre les peuples sans possibilité minimale de communication linguistique. C'est un besoin universel et vital. »

Il y a un siècle, la plupart des gens ne s'éloignaient jamais de leur ville ou de leur région, sans parler de leur pays. Bien sûr, de tout temps et dans toutes les sociétés, des individus privilégiés ou marginaux ont voyagé et appris d'autres langues — mais, jusqu'à récemment, ils constituaient une infime minorité. La vision du monde de l'individu moyen était bornée par les frontières de sa nation, modelée par l'école, l'église et des contacts personnels directs en nombre limité. La distinction entre le connu et l'inconnu, le familier et l'étranger s'imposait avec évidence.

De nos jours, la situation est radicalement différente. Grâce à l'avion, les pays les plus éloignés sont devenus proches, et l'automobile a mis le voyage à la portée des masses. L'alphabétisation généralisée a permis à un public croissant de commencer à connaître d'autres pays, d'autres cultures. Avec la radio, le cinéma et surtout la télévision, un déluge d'informations, de voix et d'images venues d'ailleurs a déferlé sur tous les foyers, même les plus modestes. Le téléphone a également contribué à la désintégration des barrières culturelles. Ce développement sans précédent des communications, des voyages et des transports a conduit à une extension et une diversification sans précédent du commerce mondial. Avec l'ouverture des barrières géographiques, économiques et culturelles, des millions de gens à travers le monde souhaitent et ont besoin de communiquer avec ceux qui parlent d'autres langues.

Mais, parallèlement aux développements techniques que nous venons d'évoquer, l'homme a acquis une autre possibilité, inimaginable il y a cent ans. Il peut détruire en l'espace de quelques minutes la vie et la civilisation sur terre. A notre époque, le moindre conflit local peut se généraliser, embraser la planète et provoquer la conflagration finale. Il devient donc urgent d'abattre les barrières des préjugés, de dépasser notre peur de l'inconnu, de mieux connaître nos semblables, de les comprendre et de communiquer avec eux. Seul l'apprentissage des langues étrangères, selon les méthodes les plus efficaces et les plus perfectionnées, peut répondre à cette exigence.

Comprendre les autres peuples et cultures en acquérant une connaissance de leur langue « similaire à celle d'un autochtone » est donc une *nécessité* politique et historique. Nous allons voir à présent pourquoi elle est aussi hautement souhaitable à la fois pour la société et pour l'individu.

Les avantages professionnels du bilinguisme sont tellement évidents qu'il est à peine nécessaire de les énumérer. La communication internationale s'est étendue à tous les aspects de la vie.

Partout se fait sentir le besoin urgent d'interprètes, de traducteurs, de professeurs de langues étrangères. La prolifération des écoles de langues dans les villes du monde entier témoigne d'une demande croissante dans ce secteur, et les méthodes d'enseignement se sont perfectionnées au cours des vingt dernières années. Dans le domaine artistique, les échanges et la coopération internationale s'intensifient : il suffit, pour s'en convaincre, de parcourir le générique d'un film contemporain. Dans le monde des médias, le bi- ou le multilinguisme sont utiles et fort appréciés. Si l'on veut faire carrière dans le corps diplomatique ou une organisation internationale, il est indispensable de parler au moins une langue étrangère. Enfin, l'internationalisation du commerce et de l'industrie a créé d'innombrables occasions de mettre à profit la maîtrise de plusieurs langues. Une telle qualification est fortement valorisée et peut se révéler utile, même dans des secteurs où elle n'est pas formellement exigée. Citons le cas de Nadia, une infirmière originaire d'Algérie travaillant dans un hôpital parisien et qui a découvert qu'elle pouvait apporter aide et réconfort à certains malades en leur parlant dans leur langue maternelle, en arabe ou en kabyle.

Il va sans dire qu'il est plus facile, plus gratifiant et plus agréable de voyager — que ce soit pour des motifs professionnels ou personnels — si l'on est capable de converser avec les autochtones soit dans leur propre langue, soit dans une langue commune aux deux interlocuteurs.

Sur le plan pratique, on l'a vu, les avantages du bilinguisme sont nombreux et évidents. Mais ils ne forment que la partie visible de l'iceberg. Les personnes bilingues interrogées à ce sujet les reconnaissent volontiers. Ils insistent toutefois bien davantage sur les atouts moins tangibles liés à la maîtrise de deux langues. Le bilinguisme, expliquent-ils, engendre la compréhension, la tolérance et l'ouverture d'esprit à l'égard des autres peuples et coutumes ; il confère du champ et de la perspective à la vision que l'on a du monde ; il permet de se sentir à l'aise avec toutes sortes de gens et dans les situations les plus variées ; il suscite chez l'individu un grand intérêt pour tout ce qui a trait au langage et aux langues — tout en le libérant de la « tyrannie des mots ». C'est pourquoi le bilingue peut faire montre d'une souplesse mentale rarement atteinte par les gens qui parlent une seule langue. Le bilinguisme éveille la curiosité d'esprit et l'originalité de la pensée. Enfin — et, peut-être, surtout — il enrichit la personnalité qui devient, à travers deux langues, le fruit de deux cultures, de deux littératures, de deux modes de vie. Ainsi, un bilingue nous confiait que sa seconde langue lui avait ouvert « une deuxième fenêtre sur le monde ». Et un sujet trilingue a pu se décrire comme « doté d'oreilles et d'yeux supplémentaires ».

Isabella, une jeune fille d'origine polonaise élevée en Angleterre, écrit : « La langue n'explique pas tout. Ce qui est enrichissant, c'est la façon dont une langue particulière reflète une culture. Si vous avez grandi dans deux cultures, vous pouvez faire le va-et-vient entre elles et vous offrir ainsi quantité de petits plaisirs. »

Pauline, une bilingue anglais/français qui vit à Londres, estime que l'ouverture et la flexibilité qui vont de pair avec la maîtrise de deux langues sont plus « saines » que la mentalité étroite qui caractérise presque inévitablement la plupart des « monolingues ». Elle se sent plus à l'aise avec des étrangers que beaucoup de ses compatriotes. De nombreux bilingues reprennent à leur compte cette observation. Ils précisent souvent qu'une telle facilité à communiquer va bien au-delà du simple sentiment de pouvoir parler à un étranger dans sa propre langue.

De fait, dans une conversation avec des étrangers, la tournure d'esprit propre à la langue est plus importante que la simple maîtrise de celle-ci. La mère d'un garçon de sept ans qui parle quatre langues nous disait : « Nos enfants vivront encore plus que nous dans un monde cosmopolite, j'en suis persuadée, et il faut leur donner l'outil qui leur permettra d'être à l'aise dans leurs relations. » Un autre parent estimait que les enfants devaient apprendre plusieurs langues « pour se préparer à un avenir où la capacité de s'adapter sera sans doute décisive ».

De nombreux bilingues sont parfaitement conscients que le bilinguisme implique plus de compréhension, plus de tolérance à l'égard des autres. Nous avons rencontré un père d'enfants bilingues, bilingue lui-même et ardent partisan de l'apprentissage précoce des langues étrangères à l'école. Il rêve de dépasser l'« Europe des patries » chère à de Gaulle et écrit : « Pensez donc à ce qui pourrait naître si, par exemple, les écoliers français pouvaient lire et étudier des livres scolaires allemands traitant des causes et des conséquences des deux guerres mondiales — et vice versa. Sans parler des petits Anglais qui pourraient se faire une idée de ces êtres mythiques qui peuplent les contrées étranges d'outre-Manche ! »

Les parents d'enfants bilingues évoquent souvent l'« originalité » de leurs bambins — telle cette mère qui décrivait son fils comme un « penseur divergent ». Certains sujets bilingues particulièrement francs ne se font pas prier pour admettre qu'ils jouissent d'un privilège fort appréciable ; ils n'ont pas d'effort à faire pour être « différents » : « Les gens vous regardent avec envie et vous trouvent exotique ! » Cette « originalité », qui est souvent un obstacle et une source de malaise dans l'enfance, est presque toujours vécue comme un atout majeur lors de l'adolescence et à l'âge adulte.

Nombre de parents notent l'intense curiosité de leurs

enfants bilingues à l'égard d'autres peuples et cultures. Ils soulignent, en outre, qu'une éducation bilingue leur facilite, à l'école et plus tard, l'apprentissage d'autres langues. (Voir chapitre 8.)

L'une des objections soulevées contre le bilinguisme peut se résumer ainsi : le potentiel linguistique d'un individu serait limité, et la possession de deux langues réduirait automatiquement son niveau dans chacune d'entre elles. Un tel cas peut, certes, se présenter (pour une discussion plus détaillée de cette question, voir chapitre 8). Mais il n'est nullement inévitable et, de fait, c'est plus souvent le contraire qui se passe. Comme l'écrivait Goethe : « Seul celui qui comprend les langues étrangères peut comprendre sa langue maternelle. » Aragon confirme cette intuition lorsqu'il affirme : « Connaître une langue étrangère, c'est enrichir la sienne. »

Il est vrai que la connaissance de deux langues met inévitablement en péril le rapport entre les mots et les choses. Mais, justement, la nature arbitraire du langage est ainsi révélée. Cette lucidité aiguise l'intelligence linguistique du sujet. En confrontant les deux langues, il approfondit sa compréhension de chacune d'entre elles. Un bilingue suisse écrit à ce propos : « Il me semble d'ailleurs que le fait d'être bilingue confère plus d'aisance dans la parole dite ou écrite dans les deux langues. De plus, pour ce qui me concerne, on devient un peu puriste, dans le bon sens. Ainsi je m'efforce, par exemple, à m'exprimer dans un langage clair et simple tant en français qu'en allemand, et j'évite, autant que possible, les germanismes dans la langue de Racine et les gallicismes dans celle de Goethe. »

Rapports avec la famille à l'étranger

Enfin, signalons une dernière et importante raison pour laquelle le bilinguisme est, dans bien des cas, hautement souhaitable, sinon indispensable. Les enfants de parents de deux pays différents peuvent se passer d'apprendre deux langues si le parent d'origine étrangère parle assez bien la langue locale. Toutefois, il est fortement recommandé de leur en offrir la possibilité, non seulement pour les raisons citées précédemment, mais pour assurer, de surcroît, un rapport complet avec le parent étranger, où l'enfant comprend les racines culturelles et l'histoire personnelle de son parent immigré.

Et il acquiert du même coup un moyen de communication avec cette moitié de sa famille.

Cet avantage, tout autant que ceux qui touchent aux intérêts les plus évidents de l'enfant, est l'une des motivations principales des parents qui offrent une éducation bilingue à leurs enfants. Le cas de Jacques est typique. Voici comment il explique son désir de voir ses enfants maîtriser la langue de sa femme : « Je voulais que ma femme garde le contact le plus étroit possible avec son pays d'origine, ses racines, son éducation. Et je voulais que les enfants partagent ce contact qui forme, après tout, une partie de leurs propres origines, de leur propre culture. »

Le point de vue des grands-parents est également un facteur essentiel : il est impensable, en effet, pour la plupart des gens que leurs parents ne puissent communiquer avec leurs petits-enfants faute de langue commune.

De nos jours, peu de gens contestent le fait que le bilinguisme offre d'immenses avantages, aussi bien sur le plan professionnel que dans la vie personnelle. Comme le disait un joyeux quadrilingue : « Plus on est de fous à parler ensemble, plus on rit ! »

3

LES AVANTAGES DU BILINGUISME PRÉCOCE

« La connaissance parfaite d'une langue n'existe pas. Mais ce que l'on entend par connaissance " parfaite ", celle qu'en a l'autochtone, n'a pas pour critère l'étendue du vocabulaire, mais la sûreté dans le maniement des structures et formes grammaticales, autrement dit, ce que possèdent les petits enfants et que leur envient les étrangers. »

C'est devenu un lieu commun : les enfants apprennent une deuxième langue bien plus facilement que les adultes. Mais cette supériorité de l'enfant est perçue comme une simple différence de degré : l'enfant serait moins compliqué, moins inhibé par son mental, il aurait moins peur de faire des erreurs, de se jeter à l'eau, etc. Tout cela est vrai, mais ne rend que très partiellement compte de l'aisance manifeste avec laquelle un jeune enfant assimile une nouvelle langue. En réalité, sa démarche est radicalement *différente* de celle de l'adulte. A cet égard, le sentiment d'envie qu'éprouve l'adulte envers la fluidité naturelle de l'enfant dans sa seconde langue est parfaitement justifié !

Car l'assurance de l'enfant, qui peut s'étendre à trois

ou quatre langues différentes, est, sauf exceptions rarissimes, hors de la portée d'un adulte.

L'adulte peut parler très « couramment ». Il peut atteindre une maîtrise de sa seconde langue tout à fait suffisante pour faire face aux situations qu'il est amené à rencontrer ; il peut même disposer d'un vocabulaire plus vaste que celui de bien des autochtones et s'exprimer sans la moindre timidité. Mais son accent sera rarement assez parfait pour ne point trahir ses origines étrangères. Handicap plus décisif encore : il sera rarement capable d'« entendre », instinctivement et du premier coup, si une forme grammaticale, un terme, une expression, une structure syntaxique qu'il rencontre pour la première fois sont corrects ou non. Enfin, il est encore plus rare qu'il ressente pleinement la densité émotionnelle, le potentiel évocateur, la profondeur culturelle des mots et de leurs combinaisons multiples — bref, tout ce que le langage véhicule par-delà son « sens » immédiat.

Ces aspects plus subtils et pourtant essentiels d'une langue demeurent, pour la plupart, inaccessibles à l'adolescent ou à l'adulte qui commencent à apprendre une langue. Ils n'apprendront jamais de la même façon que l'enfant ; c'est pourquoi les méthodes d'enseignement des langues qui prétendent réactiver chez l'adulte la démarche qui a présidé à l'acquisition de sa langue maternelle sont fondées sur un postulat totalement erroné. En revanche, un enfant qui est exposé à deux langues dès sa naissance les apprendra naturellement et intégralement toutes les deux ; même un enfant qui a parlé une seule langue jusqu'à l'âge de cinq ans est parfaitement capable d'en acquérir une deuxième d'une façon similaire, sinon identique.

Nous allons à présent tenter de comprendre pourquoi, des points de vue biologique et psychologique, un tel type d'apprentissage est si facile chez l'enfant jusqu'à l'âge de huit ans environ. Nous verrons qu'à partir de cet âge la croissance et la maturation normales réduisent cette possibilité, qui disparaît au moment de l'adolescence.

N'importe quel enfant, n'importe quelle langue

Il faut, avant tout, affirmer avec force que n'importe quel enfant est capable d'apprendre n'importe quelle langue. L'hypothèse selon laquelle l'aptitude à apprendre une langue particulière plutôt qu'une autre serait héréditaire ou liée à des caractères raciaux était controversée dans le passé. Aujourd'hui, toutes les recherches montrent qu'elle est sans fondement. Il a été prouvé que la morphologie des organes vocaux est identique chez tous les êtres humains. Le « gazouillis » des bébés de toutes les races semble constituer une sorte de langage universel. Ce babillage présente partout les mêmes sonorités — dont un grand nombre n'existent même pas dans la langue que l'enfant apprendra à parler.

Ainsi, un enfant d'immigrés assimilera la langue du pays d'accueil aussi facilement et aussi parfaitement que l'enfant d'autochtones et, toutes conditions égales par ailleurs, n'éprouvera ni plus ni moins de difficultés que ses camarades à apprendre la langue maternelle de ses parents.

La plasticité du cerveau de l'enfant

On connaît fort peu de choses sur le fonctionnement du cerveau. Les recherches en neurologie offrent néanmoins quelques indications sur l'apprentissage de la langue maternelle et, par extension, de la deuxième langue. Il semble que le développement de l'intelligence humaine et, par conséquent, l'acquisition du langage se déroulent selon une sorte de calendrier biologique, où chaque étape surgit au moment où le cerveau est biologiquement « prêt ». Nous l'avons déjà vu, dès que le moment favorable est passé, il est impossible de rattraper le temps perdu. Un enfant mentalement attardé peut acquérir certains éléments simples du langage jusqu'à onze ans. Mais à partir de cet âge il ne progressera guère : ses aptitudes linguistiques ont été fixées une fois pour toutes.

La période cruciale de l'acquisition d'une langue s'achèverait avec la mise en place du système nerveux : l'ensemble des connexions indénombrables du cerveau sont fermement établies vers l'âge de sept à huit ans. Jusque-là, le cerveau présente une certaine « plasticité » ; c'est pourquoi, tout en consolidant les mécanismes linguistiques de la langue maternelle, l'enfant peut procéder à une réorganisation partielle de son système interne pour en accueillir une seconde.

A ce sujet, les thèses de Wilder Penfield, un éminent neurologue canadien, spécialiste de l'apprentissage de deux langues, sont généralement acceptées aujourd'hui. Penfield est parvenu à la conclusion suivante : les structures du cerveau d'un jeune enfant sont tellement flexibles qu'il apprend aussi facilement deux ou trois langues supplémentaires qu'une seule ! Il est donc dommage de ne pas profiter de cette possibilité avant qu'elle disparaisse, au seuil de la puberté.

Divers facteurs psychologiques, liés d'ailleurs aux données biologiques, renforcent ce phénomène. Nous allons voir le rôle qu'ils jouent dans les quatre dimensions principales de l'acquisition de la langue : la prononciation, le contrôle des formes et structures grammaticales, le vocabulaire et, enfin, le « champ culturel ».

Pour bien prononcer, il faut bien entendre

C'est un fait surprenant mais incontestable : malgré l'immense variété d'accents régionaux, de classes, de milieux qui existent au sein même de la langue d'un pays donné — et dont certains peuvent être incompréhensibles pour des autochtones peu habitués à les entendre —, un accent étranger, fût-il des plus légers, est immédiatement détecté et catalogué comme tel. L'autochtone perçoit cet accent comme n'appartenant pas à la famille des accents du pays, même s'il n'a jamais eu l'occasion d'entendre la plupart de ceux-ci. Il est également établi que tous les enfants, sans exception, qui grandissent dans un pays apprennent à parler comme leur entourage. Leur accent ne se distingue pas de celui des gens avec qui ils vivent. Au contraire, pour les individus qui parlent une langue qu'ils ont apprise lors de l'adolescence, ou à l'âge adulte, il est extrêmement rare qu'ils parlent sans accent — même dans des conditions idéales d'immersion totale dans le contexte local.

Un jeune enfant apprend sa première, sa deuxième, sa troisième langue par pure imitation. Un adulte, placé dans des conditions optimales d'immersion, tentera aussi d'apprendre en imitant. Mais alors que, très vite, l'enfant imitera à la perfection, l'adulte n'y parviendra pas. Non qu'il soit biologiquement inapte à émettre les sons corrects. Mais parce qu'il est incapable de les *entendre.*

De nos jours, de nombreux professeurs de dessin sont convaincus que l'aptitude à dessiner ne dépend pas tant d'un don naturel, ni même d'une technique perfectible, que d'une capacité à *voir.* Ils entendent par là voir ce que l'on a devant les yeux et non ce que l'on a dans la tête. L'adulte moyen, affirment-ils, voit avec son mental plutôt qu'avec ses yeux : dès qu'il perçoit un objet, il crée mentalement une image abstraite et rationnelle qu'il projette sur l'objet. Cette image voile l'objet.

C'est à peu près ainsi qu'un adulte perçoit les sonorités d'une langue étrangère. Mais, tandis que le professeur de dessin peut ambitionner d'apprendre à son élève à voir plus directement la réalité, il est peut probable que l'on puisse rééduquer radicalement l'ouïe. Car ce qui est en cause, bien sûr, ce n'est pas l'efficacité de l'appareil auditif de l'adulte, mais sa *dépendance à l'égard de sa langue maternelle,* qui organise et structure sa compréhension du monde et sans laquelle son existence même deviendrait un chaos.

Entre huit et dix ans, le cerveau a atteint sa pleine maturation. Ses structures sont devenues rigides. La perception, la compréhension et l'émission des sonorités de la langue maternelle, qui se sont développées de pair avec l'intelligence de l'enfant, sont ancrées si profondément et si solidement dans le cerveau qu'elles *filtrent* les sonorités de toute langue nouvelle. Les sons communs aux deux langues sont reçus correctement ; mais ceux qui diffèrent, peu ou prou, parviennent modifiés à l'ouïe : ils sont « corrigés » et entendus comme le phonème de la langue maternelle auquel ils ressemblent le plus.

Cette tendance à altérer, à déformer les sonorités de la langue étrangère a donc pour but de les faire entrer dans le système phonologique de la langue maternelle. Elle apparaît vers l'âge de six ans et se renforce progressivement jusqu'à devenir systématique autour de neuf ans. Certains spécialistes estiment qu'il s'agit d'un système de défense de la langue maternelle qui refuse d'« entendre » correctement les sons de cette autre langue dont l'existence même ainsi que la différence menacent son autorité rassurante. Jusque-là, en effet, la langue maternelle était la détentrice unique de la vérité, l'ordonnatrice absolue et indispensable de l'univers, celle sans qui la vie devient pure survie et l'homme régresse vers l'animal.

Il est peu probable qu'une telle hypothèse puisse être démontrée. Mais elle fournit une explication psycholinguistique cohérente du phénomène suivant : des individus dont les oreilles sont physiologiquement identiques entendent différemment le même son. En outre, elle s'apparente à la réaction de crainte, de méfiance et d'hostilité que manifestent tous les peuples, même les plus « civilisés » et les plus « développés », envers ceux qui ne parlent pas leur langue.

Il ne s'agit pas d'un rejet conscient, mais d'un réflexe qui surgit des profondeurs de l'inconscient. Si tel n'était le cas, on pourrait raisonnablement s'attendre qu'un immigré qui arrive dans un pays à l'âge de vingt ans, qui se marie avec une femme du pays, qui s'installe et s'intègre bien dans la société locale, perfectionne avec le temps son accent. Or, c'est rarement le cas. Certaines personnes parlent encore, à quatre-vingts ans, avec l'accent qu'elles avaient à vingt ans en arrivant dans un pays ! Un tel phénomène suggère, encore une fois, une sorte de blocage ou de pétrification cérébraux. Peut-être un jour sera-t-il mieux compris.

Pour l'heure, bien des énigmes subsistent. Pourquoi, par exemple, tel individu qui maîtrise si remarquablement une langue étrangère, qui éprouve pour elle une si vive sympathie, la parle-t-il avec un accent tellement épouvantable qu'elle en devient, dans sa bouche, hideuse et quasi incompréhensible ? Pourquoi tel autre, qui ne manifeste guère d'intérêt à l'égard de cette même langue, la prononce-t-il avec des intonations étrangères à peine perceptibles ? La capacité à imiter plus ou moins correctement les sons d'une langue étrangère serait comparable au phénomène de l'« oreille musicale » que possèdent certains individus. Mais les recherches entreprises à ce sujet ont donné, pour l'instant, peu de fruits.

L'accent, comme tous les aspects du langage humain, est un phénomène infiniment complexe et mystérieux, qui participe de la nature biologique et spirituelle (ou spécifiquement humaine) de l'homme. Une chose demeure : pour être sûr d'acquérir un accent « parfait », c'est-à-dire qui ne se distingue pas de celui d'un autochtone, il faut l'apprendre dès sa plus petite enfance.

La grammaire vient en parlant

Comment l'enfant apprend-il à utiliser les structures grammaticales de sa langue ? Cette question offre ample matière à réflexion. Elle a attiré l'attention de certains linguistes, dont le plus célèbre est Noam Chomsky.

L'adolescent ou l'adulte passent de longues heures à tenter d'apprendre par cœur des règles et des exceptions sans fin : déclinaisons, conjugaisons, accords, temps, genres, prépositions, propositions relatives, etc. Puis il s'efforce à grand-peine de construire des phrases. Tout cela, l'enfant l'assimile et le reproduit avec une aisance et une perfection qui apparaissent proprement miraculeuses. Il ne se contente pas de répéter des phrases qu'il a entendues. Il est capable de comprendre et de créer des phrases où les mots se déploient en configurations qu'il n'a jamais rencontrées. D'une façon totalement non analytique et mystérieuse, le jeune enfant est à même de déduire, à partir du nombre limité de phrases qu'il a entendues, les principes de base d'une grammaire et de les appliquer intuitivement à un nombre infini de combinaisons nouvelles.

Une comparaison biologique vient ici à l'esprit : celle d'une bouture végétale. On sait qu'une simple pousse, plantée dans un sol adéquat, donnera des racines et des bourgeons, qu'elle croîtra, fleurira et produira des fruits. Elle deviendra aussi une plante complète capable de se multiplier à l'infini. De même qu'une petite brindille contient le potentiel de la plante entière, un enfant porte en lui la *capacité inhérente* d'acquérir une langue et d'utiliser ses possibilités infinies. Quelque chose en lui, et qu'il partage avec tous les êtres humains, paraît capable, sans qu'il en soit conscient, d'analyser les règles qui régissent implicitement un nombre limité de phrases et de bâtir à partir d'elles toute une grammaire.

Bien sûr, cette grammaire sera, au départ, tâtonnante, pleine de lacunes. Mais, à mesure qu'il la développe, l'enfant la révisera sans cesse. Certains éléments seront confirmés, d'autres rejetés, en fonction de l'expérience. Quand un enfant anglais demande en français à sa mère d'être « déproché » de la table, ce n'est pas parce que quelqu'un lui a dit que le préfixe *dé-* indique la séparation, la division ou la négation, mais parce qu'une part inconsciente de son intelligence a saisi ces connotations et qu'il les applique au verbe « approcher », conformément au principe grammatical. Un tel verbe aurait parfaitement pu exister sans contrevenir aux règles de la langue. Quand un enfant de trois ans s'écrie : « J'ai peindu un chat », ce n'est pas parce qu'on lui a appris que les verbes en *re* prennent un *u* au participe passé. Quelque chose en lui a en effet parfaitement saisi le principe en jeu. Le reste n'est, dès lors, qu'une question de temps : bientôt son expérience de la langue lui permettra d'assimiler les formes irrégulières de certaines catégories de verbes.

L'enfant dispose de la capacité universelle et innée à apprendre la grammaire comme une partie intégrante et inséparable de la langue. C'est ainsi qu'il procède, d'ailleurs, dans tous les domaines : il appréhende le réel avec ses sens, ses émotions et son intellect — bref, avec tout son être. Il réagit globalement à une situation qu'il perçoit comme un ensemble. Il est incapable d'en abstraire les différents éléments, de les analyser, de les comparer et de théoriser les résultats d'une telle réflexion.

Chez l'adulte, ces trois aspects — les sens, les émotions et l'intellect — ont acquis une certaine autonomie. Cette séparation relative a, sans nul doute, été indispensable à la création de plusieurs aspects de la civilisation : qu'est-ce que la science, en effet, sinon l'accumulation d'un capital de connaissances fondées sur des principes théoriques objectivement établis et que l'homme a déduits de sa perception subjective de phénomènes isolés ? Qu'est-ce que la loi, si ce n'est un effort de la raison humaine pour refréner et contenir certaines des impulsions les plus primitives des hommes, afin de protéger la société dont ils font partie ?

Nos capacités analytiques, fondées sur la séparation entre la raison et les sollicitations des sens et des émotions, sont fort utiles dans plusieurs domaines. Mais elles ne facilitent nullement l'apprentissage des langues.

L'enfant apprend sa seconde langue de la même façon que la première : en construisant soit simultanément, soit successivement dans un intervalle de temps très court, deux systèmes linguistiques parfaitement autonomes. *Il apprend à parler en parlant,* en imitant ce qu'il entend, plus ou moins correctement. Au début, il expérimente des mots, des structures, répétant ce qui marche, ce qui se révèle à l'usage être la norme, abandonnant ce qui ne l'est pas. Il forge ainsi sa grammaire au feu de la pratique du langage.

L'adulte fait en général le contraire : il apprend les règles grammaticales avant de tenter de parler. Une telle démarche est, de toute évidence, vouée à l'échec.

Au cours des vingt dernières années, le caractère artificiel et inefficace des formes traditionnelles d'enseignement des langues a été reconnu. Et la généralisation des méthodes « naturelles », « globales » commence à porter ses fruits. Cependant, dans la mesure où elles tentent d'imiter les processus à l'œuvre dans l'apprentissage de la langue maternelle de l'élève, ces méthodes se heurtent à des limites infranchissables. Un adulte n'est pas un enfant. Il est à la fois impossible et néfaste de réprimer son désir et son besoin de comprendre et d'analyser.

De toute façon, l'adulte n'est jamais vraiment à

l'aise : il craint de faire une faute s'il connaît la règle, ou se sent sur des charbons ardents s'il ne la sait point. Ce sentiment d'insécurité l'empêche de s'exprimer en toute spontanéité.

Son impuissance à déduire les règles à partir de la pratique, au lieu de l'inverse, n'est pas le seul handicap de l'adulte par rapport à l'enfant quand il s'agit d'acquérir la maîtrise d'un deuxième système grammatical. Ici, tout se passe comme pour la prononciation : la langue maternelle se dresse comme un immense obstacle. L'adulte (ou l'adolescent) est incapable de retrouver l'aptitude inconsciente de l'enfant à assimiler et à recréer tout un système linguistique à partir d'un nombre limité de propos saisis au vol. Il est même carrément inapte à *répéter* des phrases qu'il a bel et bien entendues ! Les structures linguistiques de sa première langue sont si profondément enracinées en lui qu'elles cherchent sans cesse à se frayer un chemin à travers la fine couche de connaissances fraîchement acquises de la seconde. La première langue tend à incorporer les mots nouveaux dans une syntaxe qui leur est foncièrement étrangère.

Il est vrai qu'avec le temps et l'expérience cette rigidité structurelle — contrairement à celle de l'accent qui est autrement tenace — tend à s'estomper ; ainsi, une personne qui vit dans un pays étranger peut espérer en assimiler peu à peu les formes grammaticales correctes. Mais ce processus sera laborieux et empirique. Il ne s'élèvera jamais à la sûreté naturelle et spontanée qui caractérise la maîtrise du système grammatical chez l'enfant. Une telle maîtrise est généralement fermement établie avant l'âge de huit ans et peut s'étendre à deux ou trois langues.

Le vocabulaire aussi

L'acquisition du vocabulaire est, parmi les quatre aspects examinés ici, celui qui pose le moins de problèmes. On a pu dire, à juste titre, que le vocabulaire était « la moins linguistique » des dimensions du langage. En effet, les conditions nécessaires pour saisir et mémoriser les mots d'une nouvelle langue sont les mêmes que celles qui président à toute forme de mémorisation : la répétition et la pratique doivent être fréquentes et *avoir un sens.*

On s'imagine souvent que, pour parler une langue, il faut surtout en connaître le vocabulaire. En fait, dans de bonnes conditions, l'acquisition des mots est rarement un problème — que ce soit pour les enfants ou pour les adultes.

Par « bonnes conditions », nous entendons ceci : la langue doit se présenter dans un contexte qui a du sens. L'idéal est une situation réelle où la langue en question est le moyen de communication normal ; si ce n'est pas possible, on peut recourir à des méthodes « naturelles » ou « globales » : le sujet s'identifie alors à la situation linguistique qui lui est proposée, et les mots acquièrent pour lui une qualité « vécue ». Fort heureusement, la plupart des professeurs de langue savent aujourd'hui qu'il est vain de faire apprendre à leurs élèves des listes de mots avec leur prétendue « signification » dans la langue maternelle. Une telle méthode est trompeuse puisqu'elle laisse entendre que, pour chaque mot, il y aurait un équivalent exact dans une autre langue. De plus, elle est complètement abstraite, elle évacue l'émotion, elle nie le vécu, la relation au sens et au contexte. Elle est lisse et ne présente rien de concret à quoi la mémoire puisse adhérer.

Une telle méthode est stérile pour les enfants, qui sont foncièrement incapables d'assimiler des connaissances abstraites de tout contexte. Elle est passablement inefficace pour les adultes aussi, dont les émotions, comme certains pédagogues commencent à le soupçonner, jouent dans les processus d'apprentissage un rôle bien plus important que nous ne nous plaisons parfois à l'imaginer.

Les enfants intègrent avec plus de facilité le vocabulaire d'une nouvelle langue parce que, chez eux, la langue maternelle n'est pas encore trop fermement établie. Elle ne fait pas écran. Le monde de l'adulte est cloisonné, *signifié* par les mots de sa langue maternelle. Il ne saurait séparer la réalité des mots qui la décrivent. C'est pourquoi il éprouve de grandes difficultés à penser dans une nouvelle langue sans traduire vers celle qu'il connaît. Les mots qu'il rencontre n'ont de sens pour lui que dans la mesure où ils « signifient la même chose » que ceux de sa première langue. Pour les enfants, au contraire, les mots n'ont pas d'« équivalent », ils participent d'une interprétation de la réalité qui a son autonomie et sa propre cohérence. L'adulte a tendance à assimiler tout terme inconnu au terme qui lui ressemble le plus dans sa première langue. Une telle ressemblance peut être sémantique, phonétique et parfois même orthographique. D'où les célèbres « faux amis » franco-anglais, tels que *eventually* et *éventuellement, sympathetic* et *sympathique, apt* et *apte, library* et *librairie* : des mots qui ont un sens différent revêtent une forme similaire dans les deux langues.

Il est plus difficile de faire la différence entre les mots dont les sens se recouvrent partiellement. Des exemples courants viennent ici à l'esprit : citons le fameux *home,* dont la signification se situe quelque part entre *maison* et *chez nous*, mais qui peut aussi désigner *la maison* (comme dans : « On rentre à la maison »), lequel est plus dense que son équivalent de traduction : *house* — un mot très neutre. L'anglais distingue nettement *woman* et *wife*, alors qu'en français le mot *épouse* est utilisé bien moins souvent que *femme*, qui recouvre les significations des deux mots anglais. En l'occurrence, l'ambiguïté du français contraste avec la différenciation opérée par l'anglais. On a là, sans nul doute, l'expression de profondes différences culturelles et de vécu quotidien qui traversent et dépassent les mots eux-mêmes.

Ce sont précisément de telles différences que l'enfant assimile, grâce à la plasticité de son cerveau dans le contexte global de la langue. En revanche, le cerveau de l'adulte l'empêche de faire abstraction de sa langue maternelle, d'appréhender et d'utiliser une nouvelle langue dans ses propres termes, sans référence à la première.

La densité culturelle

La question du vocabulaire nous a conduit, tout naturellement, à celle de la densité culturelle du langage, à ses dimensions extra- et méta-linguistiques. Ici, l'aspect sémantique de la langue est primordial.

C'est bien, nous semble-t-il, dans les profondeurs « non dites » du langage que se manifeste le plus clairement la différence entre l'apprentissage chez l'enfant et chez l'adulte. Il est pratiquement impossible, nous l'avons vu, à ce dernier d'acquérir un accent sans faille dans une langue étrangère. Mais est-ce, après tout, si important ? Il est vrai aussi qu'un adulte ne se hissera jamais à la maîtrise instinctive et infiniment souple de la grammaire que l'enfant acquiert naturellement et inconsciemment ; mais avec suffisamment de pratique, d'expérience concrète de la langue et d'application, il fera de moins en moins de fautes et pourra atteindre un niveau où elles sont si rares qu'elles passent le plus souvent inaperçues. Quant à l'acquisition du vocabulaire, il ne constitue jamais vraiment un problème. Mais tout le reste, tout ce que la langue dit sans le dire, les références infinies dont chaque mot renvoie l'écho à travers les dédales de l'histoire et de la culture, la densité poétique, la valeur émotionnelle dont les mots sont chargés pour l'autochtone, toutes ces facettes ne deviendront jamais complètement accessibles à celui qui est initié à une langue après le cap de la puberté.

Il convient cependant de nuancer ce qui précède. Un individu qui émigre de son pays natal vers l'âge de vingt ans ou après, qui se marie et s'installe dans son pays d'accueil, s'immergera de plus en plus dans la culture locale. Il se familiarisera avec la richesse et la densité de la langue. Mais il lui manquera toujours un « je-ne-sais-quoi » pour en pénétrer tous les arcanes. Il n'y a là rien de surprenant. L'adulte superpose une nouvelle façon de vivre sur une ancienne, qui est inextricablement tissée dans la matière même de son être. Nous n'irons pas jusqu'à affirmer que l'accès au génie poétique de la langue lui demeure fermé. Et pourtant un poème ne le bouleversera pas aussi directement que s'il avait été composé dans sa langue maternelle. Il en percevra les couleurs et les contours, il en entendra la musique, mais il lui semblera provenir d'un monde qui n'est pas tout à fait sien — un peu comme une image vue à travers l'objectif photographique paraît plus éloignée et détachée de la réalité.

(Évidemment, tout cela est de la plus haute importance pour ceux qui, pour des raisons professionnelles ou personnelles, s'intéressent au langage, dont la profession ou les goûts exigent une connaissance des langues. Cela l'est moins pour les autres.)

Entendons-nous bien. S'il est indéniable que l'adulte n'atteindra jamais la connaissance « infuse » de tout ce qui fait une langue, nous ne suggérons pas pour autant qu'il est inutile qu'il apprenne des langues étrangères. Nous ne prônons pas une conception puriste du bilinguisme qui voudrait que *seul* l'enfant puisse devenir bilingue. Ce n'est pas là notre propos, et notre démarche se veut, au contraire, positive. Notre point de vue est le suivant : l'adolescent ou l'adulte peuvent certes acquérir un degré de maîtrise d'une langue étrangère amplement suffisant pour les situations qu'ils sont amenés à rencontrer et c'est là une forme de bilinguisme ; mais, chez l'enfant, la commande de la langue sera d'une nature différente, elle deviendra une faculté intrinsèque de l'individu, une nouvelle fenêtre ouverte sur le monde plutôt qu'un outil fonctionnel et extérieur à son être. Et, surtout, il semble vraiment dommage de priver un enfant placé dans des conditions favorables d'une source d'épanouissement si précieuse : la possibilité d'intégrer à son développement global une deuxième langue, une deuxième culture.

4
LA SITUATION BILINGUE

Comme nous l'avons expliqué dans l'introduction, la présente étude traite principalement du bilinguisme dans des contextes où celui-ci n'est pas la norme. Loin de nous cependant l'idée qu'une situation de bilinguisme généralisée est exempte de problèmes, ou qu'elle ne soulève pas des questions intéressantes. Il existe de nombreuses recherches concernant les implications d'un environnement bilingue sur l'individu et sur la société elle-même, et lorsque les résultats de ces recherches nous ont paru liés au domaine que nous explorons ici, nous n'avons pas manqué de les mentionner.

Le bilinguisme « exceptionnel »

Le bilinguisme en tant que cas particulier reste toutefois la notion charnière de cet ouvrage. Ce sont, notamment, les contradictions qu'il engendre que nous voulons mettre en lumière. Un enfant qui a la possibilité de devenir bilingue dans une société monolingue est, de ce fait même, dans une situation radicalement différente de celle de ses camarades. Il est, en général, l'enfant de parents dont l'un au moins est un étranger dans le pays où vit la famille. Son bilinguisme est le fruit d'un mariage « mixte », ou d'une émigration, ou, au moins, d'une transplantation provisoire. Autant de situations incontestablement fort enrichissantes. Mais qui peuvent aussi être source de difficultés supplémentaires dans la vie quotidienne d'une famille ordinaire.

Quitter sa patrie d'origine et démarrer une nouvelle vie dans un autre pays, où l'on parle une autre langue ; vivre avec quelqu'un dont la langue, la culture et la vision du monde sont différentes ; passer une bonne part de sa vie à voyager d'un pays à l'autre, sans jamais avoir le temps de s'enraciner quelque part : autant de situations qui exigent beaucoup de tolérance, de capacité d'adaptation si l'on veut éviter qu'elles ne suscitent au sein de la famille des tensions et des conflits, qui risquent de nuire au bien-être des enfants.

L'importance de la situation globale

Les spécialistes s'accordent aujourd'hui à reconnaître que le bilinguisme de l'enfant dans un milieu biculturel (qu'il s'agisse de la famille elle-même, ou de l'ensemble famille-société) n'est qu'un aspect d'une situation globale. Les problèmes que rencontrent parfois des sujets bilingues ne sont pas dus au seul fait qu'ils parlent deux langues. (Bien au contraire, d'un point de vue linguistique, il semble que le bilinguisme soit un atout dans les deux langues.) Les difficultés découlent plutôt des circonstances culturelles et sociales complexes qui forment la trame de l'environnement de l'enfant. Nous ne saurions trop insister sur l'importance des facteurs extralinguistiques de la *situa-*

tion globale dans laquelle baigne l'enfant potentiellement bilingue. Ses parents doivent en être conscients et en mesurer soigneusement les tenants et les aboutissants avant de décider quand et comment lui apprendre deux langues.

L'Association of American Wives of Europeans, qui a mené de nombreuses recherches sur le bilinguisme d'enfants franco-américains, a publié divers articles et brochures qui traitent de cette question. Dans son *Guide à l'usage des parents d'enfants bilingues,* notamment, elle conseille aux parents de se poser les questions suivantes :

« 1. Dans quelle langue notre rapport a-t-il été établi ?

2. Dans quelle langue communiquons-nous à présent le plus spontanément, le plus naturellement ? Ou bien, nous sentons-nous également à l'aise dans les deux langues ?

3. Pensons-nous rester en France, ou envisageons-nous d'émigrer ou de voyager fréquemment dans d'autres pays ?

4. Nos enfants fréquenteront-ils une école française, américaine ou bilingue ?

5. Souhaitons-nous que nos enfants aient la possibilité de suivre leurs études supérieures aux États-Unis ? »

Cette association s'adresse à un secteur socialement et culturellement privilégié de la population. Les sujets qu'elle étudie ne risquent guère de rencontrer de graves difficultés matérielles ; la plupart d'entre eux ont fait des études universitaires ; ils vivent en France parce qu'ils l'ont choisi ; ils ont, en général, les moyens matériels et psychologiques de faire face aux problèmes qui peuvent surgir. Leur situation est, assurément, très différente de celle d'un autre groupe social concerné par la question du bilinguisme chez l'enfant — celui des travailleurs immigrés.

Lazarine Bergeret, qui a travaillé de nombreuses années avec des enfants de différentes nationalités dans une école maternelle à Paris, nous rappelle certaines des conditions de base de la vie de toute famille immigrée, et qui influent sur la façon dont l'enfant réagit à son nouveau pays et donc à sa langue :

« La famille est-elle heureuse de venir dans notre pays ? Y trouve-t-elle refuge ou espoir de travail provisoire ? Y vient-elle de son plein gré ou poussée par des nécessités qu'elle n'a pas choisies ? Ce nouveau pays apparaît-il comme terre bénie ou hostile ? La famille compte-t-elle y rester ? Les adultes feront-ils ou ne feront-ils pas eux-mêmes l'effort d'apprendre notre langue ? Les conditions matérielles (logement, nourriture, etc.) sont-elles pires ou meilleures qu'avant ? »

L'utilité relative des deux langues

Pour des travailleurs immigrés, ainsi que pour tous les couples vivant dans un pays dont ils ne parlent pas la langue, la question est simple : les enfants doivent *impérativement* devenir bilingues. En revanche, lorsque le parent étranger d'un couple mixte est à l'aise dans la langue du pays d'accueil, le bilinguisme des enfants apparaît comme un luxe superflu. Le degré de motivation que manifesteront l'enfant et les parents dans l'apprentissage d'une langue est étroitement lié à son utilité immédiate.

Le prestige social qui s'attache à telle ou telle langue

encourage également l'enfant à l'apprendre. En revanche, si une langue est dévalorisée, l'enfant risque d'être découragé. Le fils d'un maçon portugais peut avoir l'impression que le portugais est une langue « inférieure » aux yeux de ses copains à l'école ou dans la rue. Son désir d'intégration ainsi que l'attrait du français en tant que moyen de promotion sociale peuvent le conduire à mépriser la langue de ses parents et à concentrer ses efforts sur la langue du pays où il vit.

L'attitude de l'entourage

Ici, comme dans tous les domaines, l'attitude des parents et — à un degré moindre mais considérable — celle des proches, des amis, de l'instituteur déterminent fortement la manière dont l'enfant réagira aux deux langues et à tout ce qu'elles représentent. Leurs encouragements, leur compréhension sont indispensables. Lorsqu'un enfant a l'impression que l'un de ses parents, ou la grand-mère qui le garde après l'école, ou encore son maître considèrent d'un œil défavorable le fait qu'il apprend deux langues, il est ébranlé dans sa confiance en lui-même, atteint dans sa motivation et dans son sens des valeurs. Les effets néfastes s'en ressentent, non seulement au niveau de l'usage des langues, mais aussi dans ses rapports humains. C'est toute sa personnalité qui risque d'en souffrir. Car, nous l'avons vu, l'enfant appréhende et assimile une langue avec tout son être : son intellect, ses émotions, ses sens. Tout son être est transformé par cette langue — qui devient une partie intégrante de son propre développement.

L'attitude de l'enfant lui-même

Prenons le cas d'un enfant dont la mère immigrée éprouve sans cesse la nostalgie de sa terre d'origine et ne s'est jamais sentie à l'aise et intégrée dans son nouveau pays. Il va de soi qu'il n'aura pas la même attitude envers les deux langues. Pareillement, l'enfant dont les parents d'origines différentes ne s'entendent pas exprimera ce qu'il ressent envers chacun d'entre eux par son attitude à l'égard de leurs langues respectives. Il arrive qu'un enfant dont les parents ont divorcé dans un pays, et qui vit dans un autre, refuse de parler sa langue maternelle ou d'en entendre un traître mot. Il est clair qu'il rejette ainsi le pays où cette séparation a eu lieu.

Un enfant bilingue confronté à ce type de situation la ressent au tréfonds de son être. Le conflit entre ses deux langues est le signe extérieur d'un *conflit intérieur.* Rejeter une de ses langues revient à rejeter une part de lui-même. *Les problèmes liés en apparence au bilinguisme ne sont jamais provoqués par le bilinguisme lui-même* : ils cristallisent une situation difficile qui se profile derrière le bilinguisme. Celui-ci n'est jamais en soi problématique ; tout enfant est capable, dans de bonnes conditions, d'assimiler avec succès deux langues et deux cultures. C'est la *situation* à l'origine de son bilinguisme qui est susceptible d'engendrer des difficultés au sein de la famille, ou entre la famille et la société. Et l'enfant associe inconsciemment ces contradictions à l'une ou l'autre langue.

En revanche, l'enfant qui passe des vacances idylliques au pays de ses grands-parents (qui l'adorent) sera fortement motivé pour apprendre et cultiver leur langue. L'enfant de parents immigrés qui apprécient à sa juste valeur l'avantage de connaître deux cultures, et de les vivre harmonieusement, adoptera la même attitude à l'égard des deux langues. Enfin, l'enfant bilingue d'un mariage mixte réussi, où chaque partenaire respecte la langue et la culture de l'autre, enrichira immensément sa personnalité. Ses deux langues coexisteront en lui, sans conflit ni tension.

Bien entendu, les choses ne sont jamais aussi simples. Chaque cas particulier met en jeu une multitude de facteurs, dont chacun exerce une influence sur la situation. Tout sujet bilingue a donné, à un moment ou à un autre, la préférence à l'un de ses deux mondes sur l'autre. Et qui peut dire qu'il n'a jamais ressenti leur différence comme un conflit ? D'un autre côté, le fait même de maîtriser deux langues l'aura rendu conscient de la nature arbitraire de tout système linguistique et de la conception du monde qui en résulte. Il peut donc s'élever au-dessus de ces contradictions apparentes et accéder à une vision plus vaste et plus harmonieuse que celle d'une personne « monolingue »

Il n'existe pas deux individus identiques. Il n'y a donc pas de recette pour produire un sujet bilingue « réussi ». Mais l'expérience démontre que certaines situations, certains comportements, certaines combinaisons de facteurs, certaines attitudes sont plus favorables que d'autres. Les parents qui se demandent comment encourager de leur mieux leur enfant à devenir bilingue devraient examiner *leur propre situation globale* avant d'arrêter leur choix.

La deuxième partie de cet ouvrage vise donc à aider les parents à analyser leur situation, à prendre une décision et à la mettre en œuvre — en leur faisant connaître l'expérience d'autres parents. Nous avons tenté de communiquer cette expérience de la façon la plus concrète possible. Plutôt que d'ennuyer le lecteur en compilant les résultats de notre enquête, nous avons choisi de les résumer. Nous espérons ainsi en avoir extrait la « substantifique moelle ».

DEUXIÈME PARTIE

5

PARENTS IMMIGRÉS DE LA MÊME NATIONALITÉ

Nous étudierons cette situation en premier, car elle est la plus simple. Le bilinguisme de l'enfant s'y épanouit naturellement et presque indépendamment de l'influence des parents. Il s'agit, à maints égards, de la situation la plus favorable qui puisse se présenter.

La situation idéale

L'enfant parle une langue avec ses parents à la maison, et une autre avec ses camarades de classe, dès qu'il va à l'école maternelle. Les fonctions respectives des deux langues sont clairement définies. Celles-ci n'entrent que rarement en conflit : elles recouvrent deux domaines nettement séparés du vécu de l'enfant. La question de la motivation ne se pose guère. Ce type de bilinguisme présente un caractère de « nécessité » : l'enfant apprend sa première langue comme tout enfant « monolingue », puis la deuxième afin de satisfaire son besoin vital de communiquer avec ses camarades. Certes, ses parents vivent dans un pays étranger, mais ils se confrontent à cette étrangeté ensemble et ne sont pas divisés par des barrières de langue et de culture. Les tensions sont donc réduites.

Au fil des ans, l'enfant commencera à mener sa propre vie au-dehors, et la langue parlée à la maison cédera du terrain à la deuxième langue (celle de l'école et de la rue). Mais la langue maternelle demeurera puissante et ne sera jamais évincée par la nouvelle venue.

Un exemple : Catherine, dont les parents sont français, a été élevée en Angleterre et aux États-Unis, où ses parents ont émigré pour des raisons professionnelles. Son bilinguisme n'est donc pas le résultat d'un choix relativement arbitraire de ses parents, mais un moment naturel et nécessaire de son développement. Ses parents n'en étaient pas moins attentifs à la question et souhaitaient vivement qu'elle bénéficie des avantages culturels d'une telle situation sans que son équilibre en soit perturbé. (C'est dans cet esprit qu'ils lui ont appris à lire et à écrire en français avant qu'elle entre à l'école anglaise. Voir chapitre 8.)

Dans ce type de situation, les risques sont minimes. Les parents de Catherine ont toujours parlé français à la maison, mais les sonorités de la langue anglaise lui étaient familières depuis son plus jeune âge. De surcroît, elle avait commencé à pratiquer l'anglais dès son entrée à la maternelle, à l'âge de trois ans.

Maintenant adulte, Catherine affirme parler les deux langues avec une égale aisance et sans préférence ni pour l'une ni pour l'autre. Elle ne se considère nullement désavantagée par son éducation bilingue. Tout au plus reconnaît-elle qu'elle ne se sent pas attachée exclusivement à une culture particulière. Mais ne s'agit-il pas, là aussi, d'un atout ?

Dans le cas de Catherine, d'autres circonstances également favorables ont joué : absence de soucis matériels, parents ayant fait des études supérieures et issus d'un milieu culturel élevé, mariage stable. Dans de telles conditions, si des problèmes surgissent, c'est qu'*ils se seraient posés de toute façon* — situation bilingue ou pas. Lorsque les enfants de deux parents de même origine éprouvent des difficultés, c'est le plus souvent que d'autres facteurs entrent en jeu. L'univers d'un enfant est aussi le produit d'autres circonstances qui risquent d'être matériellement et psychologiquement déstabilisantes et d'entraver son épanouissement. C'est d'autant plus le cas lorsque les parents sont des travailleurs immigrés de condition modeste.

Un cas difficile

Maria est arrivée à l'âge de sept ans à Paris. Ses parents, qui y avaient déjà séjourné un an sans leurs enfants, avaient commencé à parler le français. Maria, qui était curieuse et éveillée, leur demandait, à chaque fois qu'ils rentraient au pays pour les vacances, de lui apprendre cette nouvelle langue. Mais, quand elle vint à son tour en France et fit son entrée à l'école, elle se sentit complètement perdue. Elle était la seule étrangère de la classe et ne comprenait rien à ce qui lui arrivait. Ses camarades se moquaient d'elle et l'instituteur — un personnage fort intolérant — l'ignorait ou l'humiliait en public. Pendant tout un mois, elle tenta de refuser d'aller à l'école, mais ses parents ne voulaient rien entendre. Selon Maria, ils ne faisaient guère d'efforts pour comprendre à quel point cette épreuve lui était pénible. Un an plus tard, elle avait surmonté le problème de la langue et pouvait suivre les cours aussi facilement, sinon plus, que les autres élèves. Mais psychologiquement, le mal était fait. Sa confiance en elle-même était détruite — même ses bonnes notes renforçaient sa différence à l'égard de ses camarades. Et elle ne savait où se fourrer quand le maître leur demandait s'ils n'avaient pas honte d'être devancés par une étrangère !

Maria vécut six ans à Paris avec ses parents, puis retourna au Portugal pour trois ans — avant de revenir à Paris à l'âge de seize ans. Elle refusa catégoriquement d'aller au lycée français et acheva ses études secondaires dans une institution portugaise, où elle fut une bonne élève. Elle s'inscrivit alors à la faculté de droit — où les cours avaient lieu, bien sûr, en français. Sa profonde timidité, sa peur panique de dire une bêtise ou d'être ridicule refirent surface. Deux ans plus tard, elle abandonnait ses études. A dix-neuf ans, Maria ne sait toujours pas ce qu'elle veut faire de sa vie ni si elle souhaite vivre. Elle préfère habiter à Paris, mais vit mal ses rapports avec les Français. Elle est très intelligente et très belle, mais demeure excessivement timide et peu sûre d'elle. Elle attribue ces défauts directement au traumatisme qu'elle a subi lors de sa première et malheureuse année à l'école française.

L'exemple de Maria présente certains aspects caractéristiques de la situation de bien des familles immigrées.

Les conditions de vie

Tout d'abord, les conditions matérielles sont difficiles : emplois précaires, salaires insuffisants, logements exigus, trajets éprouvants pour se rendre au travail. La famille s'est coupée de ses racines ou, pire elle a été déracinée contre sa volonté ; elle a dû quitter ses proches, ses amis, s'adapter à un nouveau climat, une nouvelle langue, des nouvelles coutumes, un nouveau travail. La communication avec les autochtones est souvent difficile. L'enfant souffre de tout cela sans même en saisir les raisons. Il se retrouve au milieu d'une foule d'inconnus qu'il ne comprend pas et qui ne peuvent le comprendre. C'est là, de toute évidence, une expérience traumatisante au plus haut degré, qui risque d'avoir des effets à long terme sur sa personnalité — même lorsqu'il ne se heurte pas à une hostilité caractérisée des autochtones, comme dans le cas de Maria.

L'attitude envers le pays d'accueil

Autre facteur : l'attitude ambiguë de nombreuses familles immigrées envers leur pays d'adoption. Celui-ci offre, il est vrai, la perspective d'une nouvelle existence, d'un niveau de vie plus élevé. Sa langue est perçue comme un moyen de promotion sociale. D'où un déchirement : d'un côté, on encourage les enfants à assimiler la langue et la culture du pays, afin qu'ils aient le maximum d'atouts en main dans la vie. De l'autre (c'est souvent le cas, notamment, des personnes âgées), on demeure profondément attaché à sa mère patrie et l'on craint que les enfants ne s'intègrent trop au nouveau pays et à son mode de vie. Pour contrecarrer son influence, on a tendance à dénigrer le pays d'accueil, ses habitants, leurs mœurs, leurs valeurs, créant ainsi une situation angoissante pour les enfants — qui ne savent plus à quel pôle d'influence se vouer.

C'est pour les enfants des premiers immigrants, pour ceux de la « deuxième génération », nés et élevés dans le pays d'accueil, que le conflit est le plus dur. Leurs parents continuent à vivre, pour une bonne part, selon les anciennes coutumes et ne fréquentent souvent que des compatriotes. Leurs petits-enfants ont peu en commun avec eux et sont fréquemment des citoyens parfaitement intégrés dans la société locale. Pour ces gens de la génération intermédiaire, la situation est délicate. Ils doivent naviguer à vue : s'ils s'identifient trop à leurs origines, ils courent le péril d'être rejetés par la population du pays ; s'ils s'assimilent totalement, ils risquent d'être perçus comme des « traîtres » par leurs parents.

Quand on demande à Maria ce qu'auraient pu faire ses parents pour atténuer ses difficultés à l'école française, elle répond qu'ils auraient dû lui parler quelquefois en français. Mais ils ne le voulaient pas, car ils avaient peur qu'elle ne devienne « trop française ». Leur position était intransigeante : « Tu es portugaise, tu parles portugais. »

Que faire ?

On peut se demander ce qu'auraient bien pu faire les parents de Maria, étant donné leur propre situation difficile. A première vue, pas grand-chose. En fait, ils avaient peu de prise sur les éléments de base de la situation.

Cependant, une *attitude plus compréhensive* de leur part aurait pu faire toute la différence pour Maria. Au cours de sa première année dans cette école étrange, elle se serait sentie moins seule face à ses problèmes. Avec le soutien moral de sa famille, elle aurait été davantage à même de prendre les difficultés à bras-le-corps, préservant mieux sa confiance en elle-même. Mais du fait de l'apparente indifférence de son entourage, elle se sentait rejetée et incomprise des deux côtés. Il n'est donc pas étonnant qu'elle estime aujourd'hui que cette première année infernale à l'école française lui a infligé de durables blessures.

Ses parents se doutaient probablement de ce qui se tramait. Ils ne pouvaient ignorer à quel point il est angoissant d'être jeté du jour au lendemain dans une nouvelle école sans parler la langue. Et c'est précisément pour cela qu'ils ne voulaient pas se montrer compréhensifs, de peur qu'il ne devienne impossible de contraindre l'enfant à aller à l'école. Mais une telle réaction était par trop primitive, surtout pour une fille sensible comme Maria. Au lieu d'adopter une attitude brutale, autoritaire et indifférente, ils auraient dû, tout en restant fermes sur l'obligation d'aller à l'école, se montrer plus disponibles : être prêts à écouter, à compatir et à donner des conseils — bref, lui insuffler de la force, l'épauler face à l'hostilité du maître et de ses camarades.

Je ne suis pas d'accord avec Maria quand elle estime que ses parents auraient dû parler davantage en français avec elle à la maison. De leur part, c'eût été un comportement articifiel et la qualité de leur communication en aurait pâti. Mais, dans un sens, elle a raison : elle se serait sentie probablement plus proche de la culture et de la langue de ses parents s'ils n'avaient pas refusé de prononcer une parole en français à la maison. Le fait d'aborder les problèmes de langue qui pouvaient se poser à elle n'aurait en aucune façon menacé la prédominance naturelle du portugais dans la vie familiale. Et cela aurait pu donner un sérieux coup de pouce à l'enfant.

Une nouvelle école et une nouvelle langue

Il est proprement stupéfiant de constater la désinvolture de nombreux parents qui inscrivent machinalement, sans y bien penser, leur enfant dans une école où tout le monde parle une langue différente. Rares sont ceux qui paraissent saisir à quel point une telle expérience peut être angoissante. Ils se rassurent à la légère en se disant que, dans quelques mois, l'enfant parlera sans difficulté la langue. C'est sans doute vrai, mais ils ne se doutent pas de ce qu'il va vivre dans l'intervalle, de l'état d'insécurité où il va se trouver plongé et des effets que cela peut avoir sur lui.

La plupart des parents n'ont guère la possibilité de choisir l'école de leur enfant. Ceux qui ont cette chance devraient tenir compte, avant tout, de deux facteurs :

1. Y a-t-il dans la classe d'autres enfants de la même nationalité, qui parlent sa langue ? Il suffit souvent que l'enfant trouve un camarade avec lequel il peut communiquer normalement pour qu'il franchisse la période de transition sans se sentir complètement isolé. L'exemple de Sylvia est instructif. Déjà bilingue français-anglais, elle est arrivée au Portugal à l'âge de cinq ans. Ses parents souhaitaient vivement qu'elle apprenne plusieurs langues. Ils l'ont donc inscrite à l'École allemande de Lisbonne. Les premières semaines, elle était malheureuse et ne s'adaptait pas à son nouvel environnement. A la récréation, elle se retrouvait en quarantaine. Heureusement pour elle, arriva une autre fille francophone. Elles se sont liées d'amitié. Devenues inséparables, elles ont surmonté ensemble la période difficile et se sont intégrées sans problème dans la classe.

(La mère de Sylvia a remarqué, à ce propos, que les enfants des écoles internationales ont tendance à former des clans par nationalité. En agissant de la sorte, ils ne font que suivre tout simplement l'exemple... de leurs parents ! Ce qui est sans doute regrettable. Néanmoins, envoyer un enfant dans de telles écoles peut atténuer la solitude et l'angoisse provoquées par un changement de pays.) (Voir chapitre 8.)

Lors du choix de l'école, les parents se posent rarement la question de savoir si leur enfant y trouvera des compagnons qui parlent sa langue. Et pourtant, c'est là un facteur qui peut faciliter considérablement son intégration.

Le rôle de l'instituteur

Celui-ci paraît plus évident, mais on n'y attribue en général pas assez d'importance. Et pourtant, il y va de l'équilibre et du bien-être de tout enfant — et, a fortiori, d'un gamin qui arrive dans une école dont la langue lui est étrangère. La personnalité de son maître, ou de sa maîtresse, est une des clés de la situation.

Lazarine Bergeret, que nous avons déjà citée, était pleinement consciente de la responsabilité qu'elle assumait en acceptant de prendre une classe de maternelle comprenant des enfants de toutes les nationalités, dont certains ne parlaient pas un mot de français. Elle écrit à ce sujet :

« On voit combien ce tout-petit doit être entouré d'affection et combien lui sont nécessaires toutes les preuves d'une pédagogie joyeuse. Son institutrice ne chantera jamais assez, ne jouera jamais assez, ne sourira jamais assez, ne lui parlera jamais assez. Pour ces enfants-là, encore plus que pour d'autres, il ne faudrait que des enseignants optimistes et heureux. »

Les parents qui ont le choix entre plusieurs écoles devraient rechercher un enseignant de ce type, conscient des problèmes spécifiques des enfants étrangers. Car un tel maître saura insuffler à l'enfant l'indispensable confiance en lui-même et dans les autres — sans laquelle il n'y a ni bonheur ni succès.

Les rapports entre parents et enseignants

Le plus souvent, les parents n'ont pas le choix : ils doivent inscrire leur enfant à l'école du quartier. Il faut alors prendre le maître et les camarades de classe comme ils sont. On aura toutefois intérêt à établir un rapport cordial avec l'instituteur, à lui faire mieux connaître la vie familiale de l'enfant, ses goûts, ses qualités et ses points faibles. Il pourra ainsi comprendre ses difficultés spécifiques et l'aider à s'intégrer dans sa nouvelle école.

Bien sûr, il n'est pas toujours facile d'établir un rapport avec l'instituteur. Il est très occupé, comme les parents eux-mêmes. Et, bien souvent, la sortie de l'école du samedi matin est le seul moment où l'on peut le contacter. Plus grave encore · l'absence fréquente de langue commune entre parents et enseignant. Lazarine Bergeret s'est heurtée à cet obstacle et l'a contourné, en faisant appel à d'autres parents comme interprètes, en échangeant des recettes de cuisine, en invitant la mère dans la classe à l'occasion de l'anniversaire de son enfant, etc. Ouvrir la salle de classe aux parents, les encourager à y pénétrer au début de l'année, peut contribuer à apaiser le sentiment de peur qui étreint le nouveau venu, notamment s'il s'agit d'un très jeune enfant : peur de l'inconnu, peur d'être séparé de sa mère, peur de cet univers étrange.

A vrai dire, tout dépend de l'ouverture d'esprit du maître. Et aussi d'une certaine détermination de la part des parents. En effet, l'apathie et la timidité les empêchent trop souvent d'établir un rapport personnel avec l'instituteur.

Tout enfant qui entre dans une nouvelle école accomplit un saut dans l'inconnu. La plupart des gamins tâtent le terrain, observent discrètement les autres, tentent d'approcher tel enfant, puis tel autre, découvrent ceux avec lesquels ils ont des atomes crochus, se regroupent par affinités — bref, ils se situent par rapport à leurs camarades et au maître. Leur outil principal : le langage. Or, c'est de cet outil que le jeune immigrant est privé au départ. A cet égard, on ne saurait surestimer le rôle des parents, qui peuvent aider l'enfant à jeter un pont entre le monde de l'école et celui de la maison. Ils devraient :

— si possible, assurer une présence physique à l'école en venant, dans les premiers temps, quelques minutes par jour ;

— établir et cultiver un contact direct et régulier avec l'instituteur ;

— être conscients des difficultés, se tenir à l'affût des signaux de détresse qu'envoie l'enfant et adopter une attitude compréhensive à l'égard de ses problèmes.

L'âge de l'enfant lors de son entrée dans la nouvelle école

Le cas de Maria est atypique dans la mesure où elle avait déjà sept ans quand elle est arrivée en France. Les difficultés d'adaptation à une nouvelle école et à une nouvelle langue augmentent avec l'âge : jusqu'à l'âge de deux ans, elles sont légères ; puis elles s'accroissent progressivement. Nous l'avons déjà noté, à partir de sept ans il convient de prendre certaines précautions ; sinon, le développement et la personnalité de l'enfant peuvent être profondément perturbés. Au-delà de l'âge de sept ou huit ans, la capacité d'un enfant à assimiler et à reproduire rapidement une nouvelle langue diminue. De plus, à cet âge, la communication à l'école passe essentiellement à travers le langage (alors que, chez les tout-petits, les activités non verbales jouent encore un rôle important dans les programmes pédagogiques). Le problème des enfants de plus de sept, huit ans est donc plus sérieux : dans la plupart des cas, une période de transition ou d'adaptation devrait être envisagée. (Voir chapitre 8.)

L'âge d'arrivée dans le pays

L'enfant a-t-il toujours vécu dans le pays en question ? Ou bien, au contraire, le changement d'école et de langue coïncide-t-il avec un changement de pays, de climat, de culture, de cadre de vie et de coutumes ? Dans ce dernier cas, le choc de l'immersion brutale dans un nouvel univers linguistique n'est qu'une partie d'un ébranlement bien plus vaste, et qui bouleverse l'environnement global de l'enfant. Il a d'autant plus besoin d'attention et de compréhension au cours des premiers mois.

Le cas de Nicholas illustre bien une règle que l'on pourrait résumer ainsi : *plus l'enfant est arrivé jeune dans le pays, et plus l'intégration à l'école est facile.* Nicholas est arrivé d'Israël en Allemagne à l'âge de un an. Jusqu'à trois ans, il n'a entendu parler qu'hébreu à la maison. Mais, quand il est entré à la maternelle, les sonorités de la langue allemande lui étaient déjà familières : il les avait entendues dans la rue, au magasin, chez des amis et des proches de ses parents, à la radio, à la télévision. Lorsqu'il fut plongé dans une atmosphère germanophone à la maternelle, il n'a pas été décontenancé. Quelques mois plus tard, il parlait les deux langues couramment. Il faisait parfaitement la distinction entre elles, et il lui arrivait même de corriger ses parents quand ceux-ci glissaient un mot allemand dans une phrase en hébreu. Il ne fallait pas, selon lui, « mélanger » les langues !

Un enfant qui a vécu dans un pays depuis sa plus tendre enfance n'aura probablement guère de peine à en apprendre la langue à l'école, même s'il n'a entendu et pratiqué qu'une langue étrangère chez lui. Certes, c'est la première fois qu'il est confronté directement à la langue du pays et mis en demeure de l'utiliser, mais elle ne lui est pas pour autant complètement inconnue. De surcroît, la partie non scolaire de sa vie reste stable, identique à ce qu'elle était. L'enfant est donc sécurisé.

Histoire de trois frères

Face à une même situation, les enfants réagissent donc de façon très différente selon leur âge. La famille Blondeau nous en offre un bon exemple. Les parents, tous deux français, et leurs trois enfants, âgés respectivement de six ans, trois ans et un an et demi, ont émigré aux États-Unis. Dès leur arrivée, l'aîné a commencé à fréquenter sa nouvelle école. Pendant six mois, il eut à souffrir considérablement à la fois des changements dans la vie familiale et des problèmes de communication avec les autres enfants. Il n'a pas refusé d'apprendre l'anglais et travaillait bien à l'école, mais il refusait obstinément de montrer à ses parents qu'il faisait des progrès. C'était là sans doute une façon de protester contre tout ce chambardement : il niait devant eux l'existence de cette langue qu'il ne pouvait rejeter dans la réalité. Ces difficultés se sont résorbées dès qu'il a été en mesure de communiquer normalement avec ses maîtres et camarades de classe, c'est-à-dire au bout de six mois. A la fin de l'année scolaire, il avait rattrapé son retard et fut admis sans problème dans la classe supérieure. Son anglais, toutefois, n'était pas celui d'un petit Américain de six ans ; il lui fallut encore deux ans pour atteindre un niveau équivalent en anglais et en français.

Son petit frère de trois ans et demi (l'âge idéal, selon sa mère, pour apprendre une deuxième langue) a appris l'anglais à la halte-garderie tout aussi rapidement et sans rencontrer, pour sa part, de problèmes d'exclusion ou de rejet. Un an plus tard, son niveau aussi bien en anglais qu'en français était celui d'un enfant américain ou français de son âge.

Quant au benjamin de la famille, arrivé aux États-Unis à l'âge de un an, il se hissa rapidement et sans encombre à un niveau égal de compréhension dans les deux langues — et sans les confondre le moins du monde. La distinction était très nette : le français à la maison, l'anglais à l'extérieur. Par exemple, quand sa mère l'accompagnait à la crèche et lui disait « au revoir », il répondait : « Bye bye. » Néanmoins, son niveau d'expression linguistique était inférieur à celui de la moyenne des enfants du même âge. Ce phénomène semble fréquent lorsque l'enfant acquiert deux langues pendant la période critique du développement du langage (entre un an et deux ans et demi environ). *Ce retard n'est pas grave et n'a pas de conséquences fâcheuses.* L'enfant le rattrape aisément au cours des années qui suivent.

Dans la plupart des cas, les enfants âgés de moins de quatre ans qui arrivent dans un nouveau pays, et entrent à l'école sans en connaître la langue, s'adaptent rapidement et naturellement à la situation. Parmi tous les cas de très jeunes enfants que j'ai étudiés, j'ai rencontré une seule exception à la règle. June, une fillette anglaise, avait un an quand ses parents ont quitté l'Angleterre pour aller vivre en Suisse. A deux ans, elle refusait encore de parler le français et donnait des signes d'angoisse. Mais ses parents estiment que ces difficultés provenaient tout simplement du fait qu'elle n'aimait pas sa maîtresse à la maternelle. De fait, ces symptômes négatifs ont disparu dès qu'elle est entrée dans la classe supérieure.

A partir de cinq ans

Les cas d'enfants de plus de cinq ans sont plus significatifs. Pour ceux-là, le fait de se trouver dans une situation totalement inédite, et privés de l'usage de la langue qui était devenue leur principal moyen de communication, représente une épreuve bien plus pénible.

Martine a passé les cinq premières années de sa vie en Égypte, dans un milieu francophone. Puis des événements politiques ont contraint sa famille à s'expatrier et à gagner l'Angleterre. Devenue adulte, Martine se souvient que son intégration à l'école anglaise s'est déroulée sans problème au niveau de la langue — il ne lui a fallu que quelques mois pour parler couramment l'anglais. Et pourtant, elle s'est toujours sentie « à part », différente des autres. Enfant, elle se sentait gênée d'être une « étrangère » et d'avoir des parents qui parlaient en français. Elle estime également que la question de l'accent est importante. « Je parle l'anglais avec un très léger accent français, ce qui a profondément modifié mes rapports avec les gens. J'ai toujours été consciente d'avoir subi un déracinement précoce. J'aurais peut-être pu oublier si mon accent anglais avait été parfait. »

Martine insiste sur le fait que les problèmes suscités par un changement de pays sont culturels et non purement linguistiques. Il ne fait aucun doute qu'un exil forcé perturbe profondément la vie d'une famille, et qu'un enfant de cinq ans subira davantage les effets de ce tohu-bohu que son frère ou sa sœur plus jeunes. La persistance d'un léger accent chez Martine n'est cependant pas typique. Les enfants de son âge placés dans une situation similaire parviennent presque toujours à parler leur nouvelle langue avec un accent que rien ne distingue de celui d'un autochtone. Peut-être la prépondérance dans la vie de Martine du milieu francophone (sa famille et ses proches) était-elle excessive.

Ingrid est née en Suède, des amours d'un père suédois et d'une mère anglaise. Jusqu'à l'âge de deux ans, elle parlait seulement l'anglais à la maison. Puis elle a appris le suédois en jouant avec d'autres enfants à la maternelle. A l'âge de cinq ans, elle a été transplantée à Paris, envoyée à l'école maternelle française. Pendant six mois, elle ne s'est guère exprimée. Et puis, tout à coup — comme cela arrive souvent —, elle s'est mise à parler très couramment. Une fois de plus, nous pouvons constater que l'acquisition de la langue ne pose pas de problème majeur. Mais la première année à Paris a été difficile pour la fillette. Elle a vivement ressenti le contraste entre les conditions de vie dans son pays d'origine et en France. En Suède, elle avait vécu dans un village au bord d'un lac entouré de forêts. Les enfants du voisinage jouaient ensemble librement en plein air. A Paris, elle s'est retrouvée dans un petit appartement qui résonnait des bruits de la circulation, sans la moindre trace de verdure alentour. Et surtout, il n'y avait pas d'autres enfants pour jouer avec elle, ceux de son âge étant tous à la maternelle. Quand elle y est entrée à son tour, elle parlait deux langues mais pas un mot de français. Elle s'y sentait fort malheureuse. Sa maîtresse n'était pas particulièrement gentille ni compréhensive à son égard. De plus, à cinq ans, Ingrid était assez grande pour avoir noué de solides amitiés intimes en Suède, et celles-ci lui manquaient. Tous les matins, avant de partir pour l'école, il y avait des scènes et des larmes — qui n'ont pris fin que l'année suivante, quand elle a fait son entrée dans une école Montessori.

Sa mère nous a décrit Ingrid comme ayant toujours été « hypersensible ». A présent, à l'âge de neuf ans, elle cause encore bien des tracas à ses parents. Il est impossible de déterminer avec certitude si cette première année malheureuse a renforcé son sentiment d'insécurité, mais cela paraît probable. Étant donné son caractère et son niveau de développement, on peut supposer qu'elle a été sérieusement affectée par le changement d'environnement, ainsi que par le traumatisme de l'immersion dans un univers linguistique inconnu. (Notons, au passage, que son petit frère, âgé de trois ans au moment de l'expatriation, s'est adapté sans aucune difficulté à sa nouvelle vie.)

Ici, encore, la question se pose : que pouvaient et qu'auraient dû faire les parents d'Ingrid ? En admettant que l'émigration et le contraste défavorable entre les conditions de vie en Suède et à Paris étaient inévitables, il reste la question de l'école. Il n'est jamais facile de changer d'école en cours d'année, mais les parents d'Ingrid, contrairement à ceux de Maria, en avaient sans doute les moyens. S'ils avaient réussi, au cours de cette première année, à transférer leur fille à l'école Montessori avec ses méthodes plus « douces », ou à une école internationale offrant une année de transition linguistique, son adaptation en aurait peut-être été facilitée. Certes, la mère d'Ingrid craignait le côté « marginal » des écoles internationales (voir chapitre 8). Mais même une autre école maternelle locale avec un instituteur plus compréhensif aurait pu faciliter son intégration.

La position de l'enfant dans la famille

Les développements respectifs chez l'enfant de sa langue « domestique » et de sa langue « extérieure » dépendent, en outre, de la place qu'il occupe dans la famille.

Ainsi, un deuxième ou un troisième enfant deviennent plus facilement bilingues, mais l'équilibre entre les deux langues est parfois moins parfait chez eux que chez le premier enfant.

Un tel phénomène s'explique aisément par ce qui se passe *après l'école.* Dès qu'un enfant commence à aller à l'école, cette part de sa vie revêt une importance prédominante pour lui. La langue qui préside à cette activité tend à déborder vers les autres domaines de son univers. Elle s'insinue, notamment, dans le cadre familial où une autre langue avait, jusqu'alors, constitué le principal moyen de communication. Tous les parents dont les enfants parlent une langue chez eux et une autre à l'école en ont fait l'expérience : quand il rentre de l'école, l'enfant veut raconter sa journée à sa mère dans la langue qui a présidé aux événements qu'il vient de vivre.

Notons, en passant, que, lorsque ses parents ne comprennent pas la langue du pays, l'enfant ne commet jamais l'erreur de l'utiliser avec eux. Il perçoit en effet le langage comme un élément inséparable de l'expérience vécue. La langue qu'il parle avec sa mère, et qu'il a intégrée, est inextricablement liée à leur rapport. Il ne s'agit pas d'un aspect isolé que l'on pourrait remplacer par un autre au gré des circonstances, mais d'un moment de son être, de *leur* être commun.

Si toutefois, comme c'est très souvent le cas, il sait que sa mère comprend la langue du pays (même si elle ne la parle jamais avec lui), il aura tendance à lui narrer les péripéties de la journée qu'il vient de vivre dans cette langue. Mais cela ne dure qu'un temps. Sa mère est une adulte : leur vécu commun est différent de son vécu individuel à l'école ; assez rapidement, l'enfant laisse tomber la langue de l'école et revient à la langue dans laquelle ils communiquent habituellement.

En revanche, les jeux et les conversations avec ses frères et sœurs plus jeunes se déroulent dans la langue pratiquée à l'école. *La langue de l'école devient la langue de communication avec les autres enfants.* C'est ainsi qu'Aliki, fille unique d'une famille grecque vivant en France et où l'on ne parlait que le grec à la maison, s'adressait toujours en français à ses poupées — et ce, dès qu'elle a mis les pieds à l'école !

La langue du pays pénètre le foyer familial

Pour l'aîné, on le voit, la distinction entre la langue parlée à la maison et la langue parlée à l'école est claire et nette. Mais, pour ses frères et sœurs plus jeunes, la langue du pays n'est pas uniquement liée à l'école. L'aîné rapporte des refrains, des comptines qu'il chante à la famille. Puis ses amis font leur apparition dans la maison et l'enfant plus jeune assimile la langue que parlent les « grands » dans leurs jeux — même s'il n'y participe pas encore vraiment. Quand il sera mûr pour s'y intégrer, il utilisera tout naturellement la langue de ses aînés. Quand il entrera à l'école, la transition entre les deux langues se sera déroulée en douceur. L'adaptation au nouveau pays et à ses habitants, la sortie du foyer familial, le rythme scolaire n'auront pas le caractère traumatisant qu'ils prennent quelquefois pour l'enfant qui doit y faire face, alors qu'il ne maîtrise pas encore la langue locale.

Le cas des sœurs Martin, d'une famille anglaise, est typique. Sylvia, l'aînée, bien que vivant en France, avait toujours parlé l'anglais à la maison. Lorsqu'elle a été parachutée à l'école française, elle a été assez désorientée et a connu quelques mois difficiles. Puis elle a commencé à ramener à la maison des jeux qu'elle avait appris à l'école. Bientôt, elle s'est mise à parler presque exclusivement en français avec sa petite sœur Julie. Quand vint le tour de Julie d'aller à l'école, elle s'adapta sans le moindre problème. Elle y avait été admirablement préparée par Sylvia.

Éviter les changements trop soudains

Une telle initiation progressive à la deuxième langue est évidemment préférable à l'immersion brutale et globale que vit le premier-né. On aura tout intérêt à familiariser celui-ci, autant que possible, avec la nouvelle langue avant qu'il aille à l'école : quelques heures par semaine dans une crèche ou au square avec des enfants du quartier feront l'affaire ; on peut également le faire garder par une personne qui parle seulement la langue du pays. L'une quelconque de ces solutions suffira à lui éviter le choc et le désarroi qui accompagnent parfois un contact trop brutal avec son nouvel univers linguistique.

L'équilibre entre les deux langues

Le deuxième ou le troisième enfant d'une famille parlant une langue différente de celle du pays d'accueil jouissent donc d'un avantage : la langue locale entre dans leur vie progressivement. Cet avantage est néanmoins contrebalancé par le fait que la deuxième langue tend à l'emporter plus nettement sur la première — et ce, à un âge plus précoce. Le déséquilibre inévitable entre les deux langues sera donc plus accentué.

Le plus souvent, l'aîné parlera exclusivement la langue de ses parents jusqu'à l'âge de trois ans s'il va à la maternelle, ou cinq ans s'il ne la fréquente pas. Il est vrai que les sonorités de la langue du pays ne lui seront pas inconnues — il les aura entendues dès son plus jeune âge dans la rue, au marché, à la télévision. Mais *son* monde, celui qu'il s'est construit, est lié à la langue parlée à la maison. Dès qu'il ira à l'école, il commencera à vivre une vie indépendante de celle du giron familial. Cette vie deviendra, avec le temps, de plus en plus importante et commencera à l'emporter au moment de l'adolescence. L'équilibre entre ses deux langues reflétera l'équilibre qui existe entre ces deux aspects de sa vie, leur part respective dans son emploi du temps et dans son vécu.

Deux cultures

Dans la vie de tout enfant bilingue, il arrive un moment où l'équilibre entre les deux langues bascule. La langue parlée à la maison cède du terrain par rapport à la langue « extérieure », qui acquiert la primauté. Sa « deuxième » langue (au sens chronologique) va rapidement devenir sa « première » langue (la plus importante). Cette évolution est inévitable : les parents, notamment ceux qui sont très attachés à leur pays et à leur culture d'origine, doivent s'y préparer. Ils ne devraient pas en être peinés : il s'agit d'une phase naturelle de la croissance de l'enfant.

Chaque individu est l'enfant de ses parents mais également de son environnement — sa région, sa ville ou son village — et de tous les autres habitants de cet environnement. Pour accepter et respecter leur enfant en tant que personne, les parents doivent accepter et respecter la part de lui qui s'incarne dans l'autre langue, celle du pays où il vit, même s'ils ressentent encore celle-ci comme « étrangère ». Leur enfant n'est pas seulement bilingue : il est biculturel et se considère sans doute plus proche de la culture locale que de celle de ses parents. S'il a l'impression que ses parents nient et rejettent sa langue principale, sa culture et ses valeurs, il y a fort à parier qu'il refusera les leurs. Mais si, au contraire, l'enfant perçoit que ses parents acceptent sans la moindre réserve son appartenance à la communauté et à la culture locales, il pourra apprécier son double héritage en toute liberté et à sa pleine valeur. Il arrive d'ailleurs souvent qu'un enfant dont les parents font preuve de tolérance choisisse plus tard de faire ses études, de travailler ou même de résider dans leur pays d'origine.

L'inévitable prédominance de la langue locale

A quel moment l'équilibre entre les deux langues se modifie-t-il radicalement ? Cela dépend à la fois de facteurs culturels et de la position de l'enfant dans sa famille.

Le niveau intellectuel, la vie culturelle au sein de la famille sont essentiels : si la communication verbale y est riche et complexe, le moment où l'enfant maîtrise autant sa langue « scolaire » que celle de la maison surviendra plus tard. En revanche, dans une famille où les conversations sont réduites au minimum quotidien et se résument à des ordres et des interdictions (pas toujours correctement formulés), la langue de l'école rattrapera et dépassera en quelques mois la langue parlée à la maison. Mais si les parents ont le temps, l'énergie, la capacité et le désir de communiquer autant que possible avec leur enfant, la même évolution peut prendre des années. De toute façon, elle aura lieu.

Le poids relatif de chacune des deux langues chez l'enfant dépend également de sa position dans la famille. Nous l'avons déjà vu, un deuxième ou un troisième enfant sont initiés plut tôt à la langue « extérieure » par l'aîné ; ils commenceront donc à la parler à l'âge de deux, trois ans (au lieu de quatre, cinq ans). En outre, les parents sont plus disponibles avec le premier enfant, ce qui renforce chez ce dernier la langue parlée à la maison. Enfin, l'enfant plus jeune se tourne souvent vers l'aîné pour lui demander de l'aide ou un conseil (alors que ce dernier aurait dû, dans les mêmes circonstances, s'adresser à l'un de ses parents) ; ce dialogue a toutes les chances de se produire dans la langue de l'« extérieur » — qui est aussi la langue que les enfants parlent entre eux.

Citons le cas de Pedro, fils d'une Colombienne vivant aux États-Unis. Sa mère lui avait toujours parlé en espagnol. Il comprenait cette langue, mais ne voulait jamais vraiment l'utiliser parce que ses deux sœurs aînées ne parlaient qu'en anglais avec lui et entre elles.

Jacques et Jean-Pierre, deux frères d'une famille française vivant aux États-Unis, avaient toujours parlé le français à la maison. Ils avaient tendance à utiliser l'anglais entre eux — notamment, pour parler de sujets qui ne concernaient pas les parents. Il ne s'agissait pas d'un langage « secret » : pour eux, le français était simplement la langue parlée avec les parents, et l'anglais le moyen de communication entre enfants.

Dans la pratique, cette différence entre les enfants plus âgés et plus jeunes — pour frappante qu'elle apparaisse au début — se révèle le plus souvent négligeable à la longue. Certes, l'aîné aura parlé la langue « de la maison » un peu plus longtemps et plus fréquemment que son cadet, mais, quelques années plus tard, la langue « extérieure » prévaudra également pour lui. Seules les familles à enfant unique parviennent quelquefois à préserver la prédominance de la langue maternelle des parents et à exclure du foyer la langue locale. Pour les autres, un tel scénario n'est ni possible ni souhaitable. Les parents doivent cultiver leur propre langue avec constance et dans un esprit positif, mais éviter d'adopter une attitude répressive envers l'autre langue. La rejeter reviendrait en effet à rejeter une part importante de l'identité et de la culture de leurs enfants.

Agir avec bon sens

On observe parfois, entre le premier, le deuxième et le troisième enfant, des différences qui ne correspondent pas, à première vue, aux schémas décrits précédemment. Certains enfants semblent naturellement précoces et doués pour apprendre les langues. De telles différences peuvent accentuer ou compenser les tendances que nous venons d'évoquer. J'ai personnellement observé le cas d'un deuxième enfant ayant éprouvé plus de difficultés à s'adapter à l'école et à sa nouvelle langue que son aîné, malgré le fait que ce dernier avait déjà introduit la langue du pays dans le cercle familial.

On ne le répétera jamais assez : les enfants sont différents les uns des autres. Une multiplicité de facteurs joue dans leur façon de réagir à de nouvelles situations. Nous n'avons aucune garantie. Tout ce que nous pouvons faire, c'est agir avec bon sens et avec intelligence.

Conclusion

Les enfants de parents étrangers de même nationalité sont placés dans une situation propice au développement naturel du bilinguisme.

Cette situation échappe, il est vrai, en grande partie au contrôle des parents. Contrairement à un couple « mixte » (parents de deux pays différents), ils ne sont pas confrontés à de nombreux choix difficiles : la voie à suivre leur est, pour ainsi dire, toute tracée. La question de savoir quelle langue parler à la maison ne se pose pas à eux. Il n'y a aucune raison pour qu'ils utilisent une autre langue que leur langue maternelle, aussi bien entre eux qu'avec leurs enfants. Ils n'ont pas non plus à déterminer quand et comment leurs bambins apprendront la langue du pays : cet apprentissage se fera automatiquement dès que ceux-ci mettront les pieds à l'école. Leur champ d'intervention concerne plutôt certaines *péripéties concrètes* du développement du bilinguisme chez leurs enfants et les *conditions psychologiques* dans lesquelles il se déroule.

Deux écueils les attendent.

Primo, le moment décisif où l'enfant passe d'un univers linguistique à un autre ; nous avons vu que les parents doivent prendre à l'avance des mesures pour préparer une transition en douceur, et assurer présence et soutien au cours de la période délicate où l'enfant pousse des racines dans un sol nouveau.

Secundo, l'atmosphère psychologique qui conditionne le développement du bilinguisme et du vécu biculturel de l'enfant : il s'agit de créer un climat positif, tolérant, non répressif. Les parents doivent, notamment, accepter sans la moindre réserve le fait suivant : la langue et la culture du pays joueront inéluctablement un rôle prédominant dans la vie de leurs enfants. Ils doivent, bien sûr, continuer à pratiquer leur langue d'origine et la cultiver soigneusement en famille, mais sans jamais créer de rivalité entre les deux langues, sans jamais dévaloriser l'une d'entre elles. Car, ce faisant, ils risqueraient de provoquer un grave et douloureux conflit psychique chez l'enfant.

Si les parents placés dans de telles circonstances sont conscients de ces deux périls et les évitent avec adresse et prudence, les enfants auront toutes les chances d'acquérir la maîtrise de leurs deux langues — sans difficultés particulières (autres que celles provenant de leurs conditions de vie générales).

6

COUPLES « MIXTES » VIVANT DANS LE PAYS DE L'UN DES CONJOINTS

Une situation complexe

Cette situation est bien plus complexe que la précédente. En effet, le bilinguisme de l'enfant placé dans de telles circonstances est une réalité plus précaire, et sa réussite dépend davantage des parents eux-mêmes. Leurs rapports entre eux, leurs sentiments respectifs à l'égard des deux pays, leur attitude vis-à-vis de l'enfant (et de son bilinguisme) et leur détermination à lui assurer une éducation biculturelle dans des conditions parfois difficiles : autant de facteurs clés de l'épanouissement du bilinguisme chez les enfants de mariages « mixtes ».

Les mariages « mixtes » : un déséquilibre inévitable ?

Un mariage « mixte » représente une chance inestimable : celle d'un enrichissement mutuel à travers la rencontre et la confluence de deux cultures. Mais réussir une telle union est une entreprise encore plus délicate que de réussir un mariage « normal ». Voilà, en effet, deux individus ayant grandi dans des pays différents, aux cultures différentes et — surtout — où l'on ne parle pas la même langue. Deux êtres dont la vision du monde et de la vie est codifiée par des systèmes souvent très éloignés. Un grand respect de l'autre, un esprit de tolérance et un sens du compromis sont nécessaires afin qu'aucun des partenaires n'ait l'impression que son pays, sa culture, son langage — et à travers ceux-ci son être même — sont dévalorisés.

Dans les faits, un couple ne saurait partager équitablement les deux moitiés de sa double culture. Pour la simple raison qu'il faut bien vivre quelque part et qu'en général c'est un des deux pays d'origine qui est choisi. (Il existe des exceptions. Certains adoptent une solution neutre : vivre dans un pays qui est étranger aux deux partenaires. D'autres vivent alternativement dans les deux pays. Les questions soulevées par une éducation bilingue dans ces deux types de situation sont discutées au chapitre 7.)

Retenons pour l'instant que, dans la plupart des cas, les couples mixtes choisissent de vivre dans le pays d'un des partenaires. Ce fait à lui seul crée une situation inégale. Cette disparité n'est en aucune façon vécue nécessairement comme un facteur négatif par le partenaire « désavantagé ». (Notons au passage que l'épouse vit plus fréquemment dans le pays du mari que l'inverse. C'est encore la tendance dominante, même si elle est battue en brèche de nos jours.)

Le conjoint « étranger » peut fort bien se plaire dans son pays d'accueil. De fait, de nombreux mariages mixtes unissent des gens qui vivaient déjà dans un pays étranger quand ils ont rencontré leur futur conjoint. La plupart des gens mariés à une personne d'une autre nationalité, et résidant dans son pays, vivent bien cette situation. Ils se sont adaptés aux us et coutumes locaux et ne regrettent rien. Leur activité professionnelle se fonde sur la connaissance intime d'une langue, d'une culture, d'un pays étranger. Ils jouissent souvent de l'avantage indiscutable (bien qu'ils ne le reconnaissent pas toujours) d'être « différents », « intéressants », de n'être point jugés selon les mêmes critères que les autres — et tout cela sans grand effort ! Ou bien encore, tout simplement, ils trouvent que le climat, les façons d'être, l'ambiance, le mode de vie leur vont mieux que ceux de leur pays de naissance. Ils ne se considèrent, en général, nullement comme les victimes infortunées d'un exil forcé.

Et pourtant, même s'ils ont choisi de quitter leur sol natal, même s'ils se sont intégrés au pays qui les a reçus, la situation sera toujours un peu inégale. Cette inégalité peut parfaitement rester insignifiante. La vie réelle dans un pays étranger peut être assez satisfaisante pour que la comparaison avec une vie imaginaire « là-bas », au pays d'origine, ne soit même pas plausible. Mais les jours de déprime, l'étranger, bien souvent, se sent opprimé, méprisé, ignoré. Et il arrive qu'un désir puissant le traverse, le submerge, le soulève, un désir de revoir ses proches, ses vieux amis. Il souhaite aussi rencontrer de nouveaux amis qui partagent sa culture, ses origines, sa langue. Il se dit que ce seraient là de vrais amis, qui le comprendraient. Et puis il imagine que, « là-bas », il y a sûrement mille carrières plus intéressantes. Il aspire à des conversations aisées, fluides, comme on en a si rarement dans une langue étrangère. Il voudrait « appartenir » davantage à une communauté. Toute cette insatisfaction s'accompagne souvent de ressentiments envers le partenaire : on lui en veut non seulement d'être la cause de cette aliénation, mais de jouir de l'avantage de jouer « sur son propre terrain », comme le disent les sportifs.

L'enfant ne doit pas être un champ d'affrontement

L'enfant de parents de nationalité différente est le fruit d'une union : il n'appartient pas plus à l'un de ses géniteurs qu'à l'autre, et il hérite de chacun d'eux de façon aussi arbitraire que n'importe quel enfant. Mais, si ses parents sont égaux en tant que géniteurs, ils ne le sont pas du point de vue de leur influence culturelle respective sur l'enfant. Cet écart induit un risque : celui que l'enfant devienne le champ sur lequel s'exerce la tension que recèle cette inégalité.

Si la situation est acceptée et assumée positivement par les deux parents, il n'y a aucune raison que le bilinguisme de l'enfant ne prenne pas un essor harmonieux. Si, toutefois, la situation d'inégalité culturelle est source de tension et de conflits au sein du couple (ceux-ci sont parfois révélés, justement, par la naissance de l'enfant), l'enfant en pâtira presque certainement. Et c'est effectivement au niveau de son bilinguisme qu'il en souffrira le plus, car c'est là le symbole, le concentré de la dualité culturelle qui est à l'origine du conflit.

Chacun des parents vit très différemment son rapport avec la culture du pays. Cette inégalité incontournable se répercute sur le bilinguisme de l'enfant. Dans le cas de parents étrangers issus du même pays, nous l'avons vu, un équilibre précaire était possible : le poids de la culture d' « origine » contrebalançait celui de la société environnante. Mais cet équilibre ne tient pas lorsqu'un seul des parents est étranger. Il faut donc accepter que les deux langues de l'enfant jouent des rôles différents dans sa vie. Il n'y a pas à comparer les deux langues, leur importance relative. Il n'y a pas à se demander laquelle il « préfère », laquelle il parle le « plus couramment ». Aucune comparaison quantitative n'est possible entre ces deux composantes de son être. Elles ne doivent pas être opposées l'une à l'autre ni chargées de la responsabilité de représenter les deux cultures en question.

C'est bel et bien là que réside le danger : non pas dans le fait du bilinguisme. Non pas dans le fait que l'enfant se développe naturellement à travers ses deux langues, mais dans la situation potentiellement conflictuelle où le bilinguisme a pris racine.

Au chapitre 5, nous avons traité d'un type de bilinguisme qui se développe de façon naturelle, nécessaire, indépendamment de la volonté et du contrôle des parents. Ici, nous allons considérer un bilinguisme différent, plus « artificiel ». On l'a qualifié parfois de « bilinguisme de luxe », un terme qui est rejeté avec indignation par de nombreux parents qui considèrent le bilinguisme de leurs enfants comme un corollaire quasi biologique de leur mariage mixte. Disons, à tout le moins, que ce bilinguisme ne découle pas automatiquement de la situation de l'enfant mais dépend plutôt de l'intervention des parents.

La fameuse langue « maternelle » est-elle un mythe ?

La plupart des parents étrangers n'imaginent pas un seul instant qu'ils pourraient parler à leur enfant une autre langue que celle de leur propre pays natal.

C'est là, à première vue, un sentiment naturel et compréhensible. Nous n'en faisons pourtant pas, loin de là, une règle absolue. Nous sommes d'accord à cet égard avec Maurice Van Overbeke lorsqu'il estime que la théorie de la langue *maternelle* est « surfaite et mystifiée * ».

En 1974, une revue « sérieuse », spécialisée dans les questions pédagogiques, publia un article dont voici un extrait saisissant :

« L'oreille, organe privilégié, nous relie au sein maternel. La vie affective trouve son origine autour de cette langue de la mère : la relation œdipienne s'enracine dans l'audition. Notion très importante : il ne s'agit pas de la première langue qu'a parlée l'enfant, mais de la première langue que lui a parlée sa mère, qui a créé ce bain sonore primitif, fait d'informations privilégiées. Or, à ce niveau inconscient, une mère ne peut vraiment bien parler que sa propre langue, celle que lui a parlée sa propre mère, à laquelle elle s'identifie. »

A première vue, cette théorie paraît séduisante. L'auteur est tellement sûr de tenir là une vérité absolue, irréfutable, qu'il parvient presque à nous la faire accepter comme allant de soi. Mais une analyse plus serrée de son raisonnement y révèle deux zones floues, où le doute est permis. Tout d'abord, le rapport prétendument central entre l'oreille du nourrisson et le sein de la mère est contestable **, à une époque où davantage de bébés sont nourris au biberon qu'au lait maternel, et où de plus en plus de pères prennent une part égale — sinon prépondérante — aux soins parentaux. Ce faisant, les hommes jouent un rôle essentiel

* *Introduction au problème du bilinguisme,* Fernand Nathan.

** Sauf si l'auteur fait allusion au fœtus captant, dans le ventre maternel, des sons venant de la mère, sa voix et, partant, la langue qu'elle parle...

dans la formation du psychisme de l'enfant. Nous y reviendrons.

Ensuite, affirmer qu' « une mère ne peut vraiment bien parler que sa propre langue, celle que lui a parlée sa propre mère », revient à attribuer une valeur quasi morale au fait de parler sa propre langue « maternelle » à ses enfants. Le parent qui fait un choix différent ne peut que se sentir « coupable », même s'il a des raisons concrètes et valables de communiquer dans la langue du pays avec ses enfants.

Susan, une Anglaise mariée à un Français, a vécu avec son mari en France pendant sept ans avant la naissance de leur premier enfant. Elle se rendait rarement en Angleterre, ne connaissait pas d'anglophones en France, et parlait toujours en français avec son mari. Sa première tendance spontanée fut de parler à sa fille en français. Il lui aurait semblé artificiel de se remettre à parler de but en blanc en anglais après tant d'années, alors que toute sa vie affective avec son mari se déroulait en français. Et quand bien même elle se serait forcée, l'effet sur l'enfant d'un comportement aussi peu naturel n'aurait-il pas été néfaste plutôt que bénéfique ?

La « langue d'amour » ?

Un spécialiste a utilisé l'expression « langue d'amour » pour désigner la langue qu'une mère « devrait » parler avec son enfant. Il entendait par là exclusivement la langue que sa propre mère lui avait parlée lorsqu'elle était petite. Mais, dans un cas comme celui de Susan, ce schéma n'est pas applicable. Sa mère lui avait, certes, donné de l'amour en abondance et leurs rapports étaient restés harmonieux, mais, pour l'adulte qu'était devenue Susan, la langue de l'amour était le français et c'est dans cette langue qu'elle exprimait le plus naturellement ses sentiments les plus intimes.

L'Association of American Wives of Europeans, dans son *Guide à l'usage des parents d'enfants bilingues,* a noté que bon nombre de ses membres choisissent de parler en français à leurs enfants, du moins au début. Diverses raisons sous-tendent ce choix : certaines, telle Susan, se sentent tout simplement très à l'aise en français ; d'autres estiment qu'il est préférable qu'une seule langue soit parlée à la maison, surtout si des membres de la famille du conjoint « autochtone » sont souvent là et ne comprennent pas l'anglais ; d'autres, enfin, se sont vu conseiller de ne pas parler deux langues à leur enfant dès le départ.

Il est faux de s'imaginer que tous les parents souhaitent que leurs enfants soient bilingues. Citons le cas d'Anna, une Polonaise qui a quitté son pays pour des raisons politiques et idéologiques. Elle s'est installée en Angleterre, où elle coule des jours heureux. Elle n'a jamais eu la moindre intention de retourner en Pologne et n'a jamais ressenti le besoin de transmettre son héritage culturel polonais à sa fille. Mentionnons également le cas de Teresa, dont l'enfance et l'adolescence dans une famille bigote et intolérante du sud de l'Espagne ont été si malheureuses qu'elle a ressenti son arrivée en France comme une véritable libération ; pour rien au monde, elle n'aurait voulu parler en espagnol avec ses enfants : cela lui aurait rappelé de mauvais souvenirs qu'elle voulait effacer de sa vie à jamais.

On peut évidemment se demander si ces femmes ont eu raison de priver leurs enfants d'une part de leur héritage culturel. Ne fallait-il pas plutôt mettre d'emblée à leur disposition ce qui était, après tout, leur legs légitime ? C'est ce que pense Mme D., une Hollandaise mariée à un Français et vivant en France :

« Pour moi, il était également important, au-delà d'un attachement à mon pays, que ce passé qui m'a formée, dont je suis issue, avec ses différences sociales, culturelles et religieuses par rapport à la France, soit plus familier aux enfants, qu'ils y aient des repères pour me situer dans mes différences de réaction par rapport au vécu français. Un partage devient possible dans la mesure où cela ne leur est pas étranger. Je pense que je leur enlèverais quelque chose d'enrichissant si je ne leur facilitais pas l'apprentissage de ma langue maternelle, clef de l'accès au pays. »

Pourtant, je reste en désaccord avec les défenseurs de la nature sacro-sainte de la langue maternelle lorsqu'ils prétendent qu'une mère ne peut établir un rapport authentique avec son enfant qu'à travers sa propre langue maternelle. Je pense qu'elle peut utiliser sa deuxième langue, à condition de s'y sentir parfaitement à l'aise. L'expression spontanée de ses pensées, de ses sentiments, ne doit en aucune façon être entravée ou limitée par une maîtrise insuffisante de la langue en question. Le babillage avec le tout-petit (activité non négligeable !) doit lui paraître facile, naturel. Enfin, elle doit parler assez bien la langue pour ne pas transmettre à l'enfant de nombreuses habitudes linguistiques incorrectes. Si elle communique avec aisance, précision et justesse dans la langue du pays, rien ne l'empêche de l'utiliser avec l'enfant et ce choix peut être parfaitement justifié. *Mais il ne l'est pas si elle souhaite que son enfant devienne parfaitement bilingue.*

Deux langues dès le départ

Reconsidérons le cas de Susan. Nous avons vu que sa tendance naturelle était de parler à sa fille en français (la langue du pays). Elle a été encouragée dans cette voie par les divers conseils qu'elle a reçus à l'époque. Tout le monde lui déconseillait de parler en deux langues à l'enfant au cours des premières années. C'est là un avis fort répandu. La revue que j'ai déjà eu l'occasion de citer abonde dans ce sens :

« La plupart des spécialistes s'accordent pour dire qu'il est indispensable, pour commencer l'apprentissage d'une deuxième langue, que la première soit bien fixée. Un bilinguisme obtenu en parlant simultanément dès la naissance deux langues à l'enfant est sans doute possible, encore que très rare, mais s'établirait le plus souvent aux dépens d'un certain équilibre psychologique (peut-on avoir deux mères égales ?), d'un certain développement intellectuel. On ne peut construire parallèlement deux systèmes de relations entre des mots et des concepts qui ne se recouvrent pas exactement, deux systèmes de relations affectives égales, sans perturber l'enfant. Une vie affective, comme une vie intellectuelle, est une structure dynamique de référence qu'il importe de construire sur des fondations solides. »

A la lecture de cet extrait, on comprend pourquoi bien des parents décident, à contrecœur et en réprimant leurs tendances naturelles, de ne parler qu'une langue à la maison. Et cela, malgré la profonde frustration que ressent inévitablement le conjoint dont la langue est écartée (en théorie, provisoirement).

Jusqu'à une époque fort récente, spécialistes et profanes croyaient presque tous que le fait de parler en deux langues à un enfant dès son plus jeune âge mettait en péril son développement intellectuel et psychique.

Même de nos jours, nombreux sont ceux qui demeurent sceptiques. Les personnes que j'ai interrogées ont souvent fait état de la nette désapprobation exprimée par les grands-parents, les amis, les instituteurs envers leur projet de parler en deux langues avec leur enfant dès sa naissance. Pourtant, les recherches effectuées récemment sur la question ont clairement montré que cette crainte est sans fondement : les problèmes qui surgissent sont — encore une fois — dus à la situation dans son ensemble et non au bilinguisme *per se.* La plupart des spécialistes en bilinguisme le reconnaissent aujourd'hui et prônent l'acquisition d'une deuxième langue dès l'école maternelle pour tous les enfants — et dès la naissance pour les enfants qui ont le privilège d'être nés dans une famille bilingue.

Ceux qui étaient favorables au bilinguisme, mais non dès la naissance, conseillaient en général d'initier l'enfant à sa deuxième langue vers trois, quatre ans. En théorie, cela se tient : à cet âge, les habitudes linguistiques ne sont pas encore assez profondément ancrées dans son cerveau pour entraver l'assimilation de sonorités et de significations nouvelles. Physiologiquement, il n'est donc pas trop tard. De plus, comme nous l'avons déjà noté, c'est entre trois et cinq ans que les enfants de deux parents étrangers de la même nationalité commencent à utiliser la langue locale, la langue « de l'école ». Mais, pour le parent « étranger » d'un couple mixte, commencer à parler dans sa propre langue à l'enfant pour la première fois à l'âge de trois ou quatre ans n'est pas une mince affaire. Dans la pratique, cela risque de se révéler difficile, sinon impossible.

Il n'y a pas si longtemps, de nombreux ouvrages de vulgarisation répandaient l'idée préconçue suivante : il ne fallait surtout pas parler en deux langues à l'enfant en bas âge. C'était là, prétendait-on, courir un risque inutile ; l'on n'avait rien à perdre à attendre que l'enfant ait appris à parler sa première langue avant de lui en faire connaître une autre.

Grossière erreur. Certes, le cerveau de l'enfant est, au niveau *physiologique,* tout aussi apte à assimiler et à reproduire un deuxième système linguistique à l'âge de trois, quatre ans qu'au cours de ses trois premières années. Mais, *psychologiquement,* la situation est fort différente.

Un gamin de trois ans est déjà, à sa manière, un linguiste compétent. Presque tout ce qu'il veut exprimer, il peut le dire. Il comprend la plus grande partie de ce qui se dit autour de lui dans la vie de tous les jours. Si jusque-là sa mère, son père et tous ceux qu'il a rencontrés n'ont communiqué avec lui qu'en une seule langue, il n'aura aucune raison d'être motivé pour en apprendre une nouvelle. C'est le besoin de communiquer qui permet d'apprendre une langue. Dans de telles conditions, toute tentative volontariste de pousser l'enfant à parler une autre langue sera non seulement artificielle, mais encore arbitraire, frustrante — et source de blocages ultérieurs. Au mieux, on peut susciter un semblant d'intérêt éphémère en faisant intervenir l'aspect ludique de la chose. Les gosses aiment à jouer avec les mots et trouveront parfois amusante l'idée d'employer d'autres mots pour les mêmes objets. En classe, dans une dynamique de groupe, on peut ainsi obtenir quelques résultats. Mais, seul à la maison avec papa ou maman, l'effet de nouveauté ne dure guère : très vite, l'enfant ne saisit pas pourquoi on lui parle ce charabia qu'il n'entend nulle part ailleurs. Son impatience risque fort de se muer en refus obstiné — et même en rejet de tout ce qui est associé à la langue et au pays en question.

Nous ne pouvons qu'être d'accord avec cette mère anglaise vivant en France, et qui nous disait : « Il y a peut-être du vrai dans l'idée qu'il est préférable de commencer par une seule langue, mais je suis persuadée que, si nous ne parlons pas dès le départ en anglais à notre fils, il ne le parlera sans doute jamais. » L'expérience de nombreux autres parents, hélas ! moins réalistes, démontre qu'elle avait parfaitement raison.

Aucun doute n'est permis : dans un couple mixte, le partenaire « étranger » qui désire que son enfant parle deux langues, et accède à une connaissance intime de ses deux cultures, doit lui parler la langue « étrangère » *dès le début*. L'habitude et le besoin, s'ils sont implantés dès la naissance, seront indéracinables. (Dans certains cas exceptionnels, d'autres solutions existent : l'accès à une école internationale ou bilingue ; l'arrivée dans le foyer familial d'une personne qui parlera exclusivement la deuxième langue : un proche ou une fille au pair. Dans de tels cas, il est possible d'initier l'enfant à la langue « étrangère » plus tard ; mais, puisqu'il est aujourd'hui établi que l'apprentissage de deux langues au berceau n'est nullement dangereux, il paraît dommage de ne pas s'appuyer sur le bilinguisme qui règne dans la famille pour développer celui des enfants.)

Éviter tout changement de langue avant trois ans

Il arrive qu'une mère étrangère qui a commencé par parler à son bébé dans la langue du pays regrette ce choix. A mon avis, il ne faut surtout pas qu'elle change brusquement de langue au cours des trois premières années de la vie de l'enfant. Cette période est cruciale à deux égards : les fondements du langage et de l'intelligence sont en train de s'établir chez l'enfant ; et sa personnalité, qui dépend étroitement de son rapport à la mère, se constitue. Si celle-ci passe d'une langue à une autre du jour au lendemain, les effets peuvent être dévastateurs...

Cependant, la plupart des parents parlent à leur enfant dans leur propre langue maternelle, non parce qu'ils ont une théorie sur la question, mais parce que c'est leur tendance spontanée. Il ne leur viendrait même pas à l'esprit de se poser des questions à ce sujet. Le bilinguisme de leur enfant n'est pas vécu comme un choix ou une décision mais comme un fait naturel, qui va de soi :

« Avant notre mariage, nous discutions souvent des multiples problèmes que pose un mariage " mixte ". Mais ce type d'union offre aussi de nombreux avantages. En nous mariant, nous avons accepté les deux faces de la médaille, si je puis dire. Nos enfants devront faire de même jusqu'à ce qu'ils soient assez grands pour décider eux-mêmes. Certains enfants naissent dans la misère, d'autres dans l'opulence, d'autres sont à l'Assistance publique, d'autres encore sont élevés par leurs grands-parents. Les nôtres sont bilingues. Cela fait partie, tout simplement, de leur environnement familial. Pour nous, ce n'est pas un choix, c'est un mode de vie. »

La jeune mère qui nous parlait ainsi est américaine. Elle est mariée à un Français et élève ses enfants en France. Mais elle et son conjoint communiquent en anglais et ont résidé aux États-Unis au cours de la première année de la vie de leur fils. Ces données expliquent sans doute en partie pourquoi elle n'est pas allée chercher midi à quatorze heures. Dans la situation de Susan, elle aurait peut-être connu quelques doutes...

Cela dit, elle a eu raison. Incontestablement, le parent étranger doit parler sa propre langue au nourrisson — et ce, pour des raisons pratiques et non idéologiques. Plus une telle conduite lui semblera naturelle et nécessaire, et plus il lui sera facile de la maintenir contre vents et marées, ce qui n'est pas toujours évident. Car l'enfant d'un couple mixte ne devient pas automatiquement bilingue : la volonté et la détermination du parent « étranger » ainsi qu'une attitude bienveillante et positive du parent « autochtone » sont indispensables.

(Afin de faciliter notre exposé, nous supposerons dans les pages qui suivent que le parent étranger est la mère — ce qui est le cas le plus fréquent. La situation inverse soulève d'autres questions qui seront abordées à part, p. 138.)

Et l'autre parent ?

Prenons le cas type. La mère vit dans le pays de son époux. Pour des raisons aussi bien sentimentales que rationnelles, elle a décidé de parler sa propre langue avec son bébé. Et le père ? Quelle langue va-t-il utiliser ? S'il ne parle pas couramment la langue de la mère, il n'a guère le choix. Et même s'il la maîtrise il préférera sans doute s'en tenir à sa langue maternelle afin d'avoir un rapport libre et authentique avec l'enfant. On a alors le cas de figure suivant : l'enfant entend, assimile et apprend à parler les deux langues dès son plus jeune âge, chacune avec l'un des parents.

Une question surgit, d'emblée : *que se passe-t-il quand les trois sont ensemble ?* Situation en apparence problématique mais qui, dans les faits, l'est rarement. Si les deux parents parlent et comprennent chacun les deux langues, ils ne changeront probablement pas leurs habitudes antérieures : ils utiliseront en présence de l'enfant l'une ou l'autre, ou les deux à tour de rôle. A mesure que l'enfant grandit, commence à balbutier, puis à participer aux conversations, les parents suivront son penchant : dans la plupart des cas, l'enfant en bas âge parlera d'abord la langue de sa mère (avec laquelle il passe le plus clair de son temps) ; puis, quand il ira à la crèche ou à l'école, c'est la langue du père, celle du pays, qui prédominera.

La situation est moins simple lorsque l'un des parents ne comprend pas du tout la langue de l'autre. Pour le parent « étranger », cette difficulté est, le plus souvent, provisoire. Même si elle ne parle pas un mot de la langue du pays en arrivant, la mère l'apprendra assez vite — par nécessité. Donc, lorsque l'enfant sera assez âgé pour parler couramment avec son père, elle sera à l'aise dans la langue locale et ne se sentira pas « exclue ».

Quant au père qui vit dans son propre pays et ne connaît pas la langue maternelle de sa femme, son problème est différent. Prenons l'exemple des Johnson. L'épouse est française ; elle vit à Washington D.C. Elle aimerait que sa fille parle un français impeccable et s'efforce de communiquer avec elle exclusivement dans cette langue. Mais il y a un hic : son époux ne parle pas le français, il est donc exclu de leurs discussions. On a suggéré à Mrs. Johnson d'enseigner le français à son mari au fur et à mesure qu'elle l'apprend à sa fille. Ce à quoi elle a répondu : « Je souhaite ardemment que ma fille soit pour mon mari l'occasion d'apprendre le français. Malheureusement, je crois pouvoir dire sans exagération que mon époux est réfractaire à l'étude des langues étrangères et je ne suis guère optimiste. »

Ici, le problème est réel. Il est, bien sûr, frustrant d'être écarté des conversations entre sa femme et son enfant. Mais il n'est guère évident pour un homme accaparé par sa vie professionnelle quotidienne de trouver le temps d'apprendre une nouvelle langue, surtout quand il n'est pas très doué dans ce domaine, ce qui semble être le cas de Mr. Johnson.

Pourtant, nous persistons à penser que ce serait la meilleure solution. La conversation d'une fillette de sept mois peut bien lui paraître insignifiante. Mais qu'en sera-t-il lorsqu'à sept ans ou à dix-sept ans l'enfant ou l'adolescente rebelle s'adressera malicieusement à sa mère dans une langue que le père ne comprend pas ? Pourquoi ne pas profiter des moments d'intimité à trois pour apprendre cette nouvelle langue en jouant, en chantant, en bavardant ? C'est là une méthode gratuite, agréable, et qui permettrait de surcroît à l'homme de commencer à pénétrer dans le monde culturel, jusque-là hors d'atteinte, de son épouse.

Si la femme désire que son enfant apprenne sa langue mais qu'elle évite de l'utiliser lorsque son mari est là, il demeure possible de compléter l'apprentissage de cette langue « étrangère » en ayant recours à une tierce personne. Ainsi, Mrs. Johnson, qui est très occupée par son travail, emploie une personne à temps complet. Si cette personne était francophone, l'enfant apprendrait naturellement le français avec elle. Les vacances chez les grands-parents en France peuvent aussi jouer un rôle important. Et une école internationale permettrait, le temps venu, de remplacer la jeune fille étrangère au pair. Mais ce sont là, évidemment, des privilèges réservés aux gens fortunés et vivant dans une grande ville.

Une langue par personne ?

Quelle langue parler quand tous les membres d'une famille bilingue sont ensemble ? La théorie longtemps prédominante à cet égard était la suivante : une langue par personne ; les gens responsables de l'enfant (en premier lieu, son père et sa mère) devaient lui parler exclusivement dans leur langue respective, au risque de perturber gravement le développement de sa personnalité.

A l'instar de la théorie de la langue « maternelle », cette conception très en vogue a été érigée en règle absolue. L'un de nos correspondants, qui avait lu diverses études psychologiques et linguistiques sur la question, nous écrivait :

« Une certitude s'est dégagée des divergences : si chacun des parents s'adresse systématiquement à l'enfant dans une langue donnée — et non dans deux —, il ne peut y avoir de problème sérieux. L'enfant deviendra bilingue le plus naturellement du monde.

« L'univers affectif de l'enfant bilingue doit comporter deux réalités distinctes associées à deux parents parlant chacun une langue différente dans ses échanges avec l'enfant. Peu importe que les parents emploient l'une ou l'autre langue lorsqu'ils conversent entre eux. Chacune des deux langues doit être pour l'enfant le véhicule d'une relation privilégiée avec un parent donné. »

Mon honorable correspondant en arrive à critiquer sévèrement une mère qui a initié sa fille, âgée de trois ans, à sa deuxième langue en lui narrant des contes et légendes de son pays :

« Mme E. a fait précisément ce qu'il ne faut pas faire. Elle n'a pas respecté le principe auquel je me réfère, ce gage d'équilibre psychologique pour le jeune enfant : un parent, une langue. C'est le mélange des langues par un même parent qui peut entraîner des troubles chez l'enfant alors désorienté par deux systèmes de communication. »

Et voilà comment une théorie, fondée sur le bon sens mais nullement établie sur le plan scientifique, devient un dogme et acquiert, comme tant d'autres croyances concernant l'éducation des enfants, une autorité morale incontestée !

Dans la même veine, un célèbre expert en matière de bilinguisme sermonnait ainsi une mère française qui élevait ses enfants en Suède :

« J'aimerais vous entendre répondre : " Je parle toujours le français, ma langue maternelle, à mes enfants, n'importe quand, n'importe où, en présence de tiers, que ces derniers me comprennent ou non. " »

Ici, nous avons droit au même commandement sacré, énoncé sur un ton pontifiant : parlez toujours et seulement votre langue maternelle à votre enfant — et ce, quelles que soient les circonstances. De telles affirmations catégoriques sont dangereuses : dénuées de toute justification scientifique, elles tendent à culpabiliser ceux et celles qui, à tort ou à raison, ne s'y conforment point. Or, un sentiment de culpabilité chez l'un des parents risque de semer davantage le trouble dans la famille qu'une ligne de conduite erronée en la matière, si tant est qu'elle le soit.

Cela dit, la théorie : « une langue par personne », est, à mon sens, un bon principe général. Mais il est faux d'affirmer qu'il suffirait de le suivre pour « éviter tout problème sérieux ». Et ceux qui s'en écartent ne sont pas pour autant voués à l'échec!

Nous savons peu de choses sur la façon dont deux langues coexistent dans le cerveau d'un adulte bilingue. Nous en savons encore moins sur le processus d'assimilation de deux langues par l'enfant en bas âge. Il est vrai que les tout-petits réagissent aux événements et aux individus d'une façon « globale ». Ils intègrent dans leur perception totale de leurs proches la langue qu'ils utilisent. Tous ceux que j'ai interviewés m'ont confirmé que les très jeunes enfants ne commettent *jamais* l'erreur de s'adresser à quelqu'un dans une langue qui n'est pas la sienne. Il leur arrive même de refuser de répondre à une personne qui les interpelle à brûle-pourpoint dans une langue qu'elle n'a pas coutume de parler. Ainsi à l'âge de deux ans, Julien, de père français et de mère américaine, arrêta net son grand-père paternel qui, en guise de plaisanterie, commençait à lui lire une histoire en anglais : « Non, toi, tu parles français ! » s'écria-t-il, indigné. Mais il peut fort bien s'agir là d'une simple habitude. Rien ne prouve qu'un enfant soit incapable d'entretenir une communication duelle avec une même personne.

En fait, l'expérience tend à démontrer le contraire. Dans la plupart des couples que j'ai interrogés, l'un des parents au moins utilise deux langues avec son (ses) enfant(s). La proportion de bilingues « réussis » parmi ces gamins paraît plus élevée que chez ceux dont les parents appliquent strictement la règle : « un parent, une langue». (Nous tenterons d'expliquer ce phénomène plus loin. Pour l'heure, notons simplement que, par bilingues « réussis », il faut entendre des enfants qui parlent deux langues sans que ce fait ait entraîné de conséquences négatives visibles.)

Prudence et réalisme sont de mise

La question est, on le voit, épineuse. Il convient donc de faire preuve de prudence et de réalisme. Étant donné la confusion et l'ignorance qui règnent dans ce domaine, il semble préférable de s'en tenir au principe suivant : jusqu'à l'âge de trois ans, pendant que les fondements du langage et de l'intelligence se mettent en place, la personne qui passe le plus de temps avec l'enfant (en général la mère, mais parfois le père, la puéricultrice de la crèche ou une fille au pair) devrait, *autant que faire se peut,* parler une seule langue à l'enfant. (Je dis bien : « autant que faire se peut », car le « dialogue bilingue », où chacun parle sa langue et comprend celle de l'autre, est parfois impossible, notamment lorsqu'il y a interaction entre l'enfant et deux personnes de langue différente. Rappelons-nous que les langues ne disent pas « la même chose ».)

La mère « étrangère » parlera donc sa langue natale à son bébé dès la naissance. Pour deux raisons : d'abord, pour éviter tout risque de perturbation chez l'enfant au cours des trois premières années cruciales ; ensuite, afin de créer chez le tout-petit l'habitude et, par conséquent, le besoin de communiquer avec elle dans sa langue d'origine plutôt que dans la langue locale.

Le bilinguisme de l'enfant d'un mariage « mixte » est une affaire moins évidente et naturelle qu'on ne le prétend souvent. L'obstacle principal est le même que celui qui se dresse devant l'enfant de deux parents étrangers. Mais, cette fois, il est encore plus difficile à surmonter : c'est le problème du *poids inégal des deux langues dans la vie de l'enfant.*

Prédominance de la langue du pays

Pierre est français, Jennifer est anglaise. Ils vivent en France. Depuis la naissance de leur fille, chacun lui a parlé dans sa propre langue : Jennifer en anglais le jour, Pierre en français le soir. Ils voulaient à tout prix qu'elle soit bilingue et pensaient qu'en adoptant une telle approche elle le deviendrait automatiquement. Jennifer raconte :

« Elle parlait aussi bien l'anglais que le français quand elle est entrée à l'école à trois ans. L'institutrice était étonnée par la richesse de son vocabulaire. J'étais comblée ; elle paraissait en avance pour son âge dans les deux langues. Cependant, dès qu'elle a fréquenté régulièrement l'école, des difficultés ont surgi.

« Tout d'abord, elle était moins avec moi durant la journée ; de plus, lorsqu'elle rentrait de l'école, elle était souvent fatiguée et le vocabulaire qu'elle venait d'utiliser en classe était tout frais dans sa mémoire. Très souvent, elle voulait me raconter sa journée en français. Au début, je lui répétais : “ Raconte-la moi en anglais ”, mais elle se butait et ne pipait mot. C'est alors qu'à contrecœur j'ai accepté qu'elle me parle en français. »

Cet exemple est typique. Jusqu'à trois, quatre ou cinq ans (selon l'âge de la scolarisation), la langue maternelle de l'enfant (la langue d'origine de sa mère) sera la plus importante dans sa vie. Si le père parle aussi cette langue étrangère avec lui, il y a peu de chances que le gamin comprenne la langue du cru. Et même si le père s'exprime dans sa propre langue et que l'enfant ait de nombreux contacts avec le monde extra-familial, celui-ci comprendra la plus grande part de ce qu'on lui dit mais n'utilisera guère la langue du pays. Toutefois, dès qu'il fréquentera l'école, il aura sa propre vie indépendante, loin de la maison et de la mère. Le besoin de communiquer avec les autres enfants deviendra impératif. Inéluctablement, la situation s'inversera : la langue maternelle perdra pour toujours son rôle prédominant. C'est ce qu'on appelle parfois « le cap des cinq ans ».

Dès lors, la responsabilité de la mère dans l'éducation bilingue de son enfant devient plus difficile à assumer et exige détermination et persévérance. Le gamin est à l'école toute la journée ; il passe le plus clair de ses loisirs avec des camarades de classe. Les parents parlent ensemble dans la langue du pays, tout comme le père et l'enfant. La famille ne fréquente pas de gens de la même nationalité que la mère. Les voyages dans son pays natal se font rares. Ajoutez à cela les inévitables grands-parents paternels qui fourrent trop souvent leur nez dans l'affaire ; ils sont contre le fait que l'enfant apprenne deux langues et affichent des airs indignés quand leur belle-fille s'adresse dans sa langue à l'enfant en leur présence. La tâche de la mère paraît alors vraiment impossible. Il s'agit là, bien évidemment, d'une situation extrême (mais qui se présente parfois) : dans la plupart des cas, seuls certains de ces facteurs entrent en jeu. Mais il suffit que les deux éléments décisifs — l'influence linguistique prépondérante du milieu scolaire et du père — soient présents (et c'est le cas dans la majorité des familles « mixtes ») pour que la volonté de la mère de défendre la première langue devienne un combat d'arrière-garde.

La langue locale acquiert la prépondérance non seulement parce qu'elle est davantage utilisée, mais, de plus, parce qu'elle est le véhicule de communication dans les domaines qui intéressent de plus en plus l'enfant : ses amis, ses études, ses activités sportives, etc. La langue étrangère n'a de réalité pour lui que dans le cadre de ses rapports avec sa mère. Et cette langue ne survivra qu'à deux conditions : *primo,* l'habitude de l'utiliser avec la mère doit avoir été fermement ancrée au cours des premières années ; *secundo,* la mère doit être déterminée à parler cette langue avec lui, coûte que coûte, pendant toute son enfance et son adolescence.

Ce n'est pas toujours évident, loin de là. Lorsqu'elle est arrivée dans son pays d'accueil, la décision de parler exclusivement sa langue natale avec son bébé découlait d'un état de fait : elle ne connaissait pas la langue locale. Quelques années plus tard, ce n'est plus le cas : elle a le choix. L'enfant fait naturellement pression en faveur de la langue « de l'école ». Certaines mères, confrontées à une telle situation, refusent de répondre au gamin jusqu'à ce qu'il s'exprime dans leur langue. Pis, elles vont parfois jusqu'à faire semblant de ne pas comprendre ce que dit l'enfant dans la langue locale. C'est là un comportement aberrant. D'une part, il ne faut jamais réprimer un enfant qui tente de s'exprimer ; d'autre part, une telle attitude apparaîtra perverse, injuste et malhonnête de la part de la mère. Pourquoi prétend-elle ne pas saisir ce qu'il dit, alors qu'il sait très bien que c'est faux ? L'enfant risque alors de nourrir un violent ressentiment à l'encontre de la mère *et* de sa langue. Dans une telle situation, la mère ne devrait nullement se montrer étonnée ou choquée du fait que l'enfant s'adresse à elle dans la langue qui n'est pas leur véhicule de communication « habituel » ; elle devrait écouter attentivement et répondre naturellement dans sa propre langue — sans en faire tout un fromage !

Plus facile à dire qu'à faire, certes. Mrs. Williams, une Suisse mariée à un Anglais, a élevé deux garçons en Angleterre en leur apprenant l'allemand. Elle nous a confié que l'entreprise fut une véritable « bataille ». Mme C., une Anglaise mariée à un Français et vivant en France, nous a déclaré :

« Mon problème est de me discipliner. Je suis très bien intégrée ici... Et ce n'est pas naturel pour moi de parler en anglais avec mon fils quand il revient de l'école et me raconte plein d'histoires en français. »

L'enfant n'aime pas être différent

Les petits enfants n'aiment pas être différents de leurs camarades : c'est là un obstacle supplémentaire à l'utilisation de la langue étrangère. Dès son plus jeune âge, l'enfant est conscient de sa dépendance à l'égard des adultes. Sans sa mère, son père, sa monitrice, sa baby-sitter, sa maîtresse, il ne pourrait ni s'alimenter, ni s'habiller, ni rester propre, il ne connaîtrait ni amour ni tendresse ; enfin — et c'est tout aussi important — il vivrait dans un univers sans règles, sans ordre et sans interdits. L'enfant sait bien qu'il ne contrôle pas son univers, d'où un fort sentiment d'insécurité. Il a constamment besoin d'être rassuré : tout ce qui l'entoure doit durer. C'est là, vraisemblablement, la racine de l'extrême conformisme que l'on constate chez tous les jeunes enfants. Le moindre changement dans leur environnement les inquiète. Et ils ne redoutent rien tant que de se retrouver dans une situation inédite à laquelle ils sont incapables de faire face. Les enfants suivent avec une docilité stupéfiante toutes les modes. (C'est pourquoi, tous les ans à Noël, l'industrie du jouet, avec l'aide complaisante de la télé, parvient à créer et à exploiter un thème différent.) Les jeunes enfants se moquent avec férocité de tout ce qui s'écarte de la norme. Bref, ce sont des suiveurs à tout crin — dans leurs goûts, leur comportement, leurs idées.

Toutes les personnes ayant élevé des enfants bilingues et que j'ai interviewées m'ont signalé le fait suivant : un jour ou l'autre, il arrive que l'enfant tente de nier ou, du moins, de cacher sa connaissance de la langue « étrangère » — *afin de ne pas paraître différent des enfants qui l'entourent.*

Ainsi, Pauline, qui a grandi dans une famille francophone à Londres, se souvient encore avec émotion d'avoir refusé de parler le français devant ses camarades de classe. Elle avait horreur d'être perçue comme différente et d'avoir à expliquer pourquoi sa famille parlait cette langue.

Mme D., une Américaine, a élevé ses filles à Paris. Elle avait toujours communiqué en anglais avec elles. Et pour cause : elle ne parlait guère le français quand l'aînée, Delphine, est venue au monde. Celle-ci comprenait et parlait l'anglais à la perfection mais refusait obstinément de s'exprimer dans cette langue en public. A l'âge de trois ans, elle était furieuse lorsque sa maman parlait en anglais au supermarché. Rouge de honte, elle lui marmonnait rageusement de parler français. Elle ne faisait aucun mystère des raisons de son attitude : « Je ne veux pas que tu sois américaine. Je veux que tu sois française. »

Bien des enfants bilingues et qui maîtrisent parfaitement leurs deux langues refusent de les parler dans un pays où elles ne sont pas utilisées couramment. Ainsi,

Sophia, fille d'une mère française et d'un père grec vivant à Athènes, ne parlait jamais le français en public en Grèce ; mais, lorsqu'elle passait des vacances en France avec ses cousins francophones, elle préférait que sa mère lui parle le français en leur présence. Le cas de Tom, fils d'une mère américaine et d'un père français résidant à Paris, est encore plus saisissant. Alors que sa mère, dès le départ, ne s'était jamais adressée à lui qu'en anglais — et toutes leurs conversations avaient lieu dans cette langue —, son besoin d'être « comme les autres » était si puissant qu'il adoptait un accent français en classe d'anglais pour ne pas se distinguer de ses camarades !

Souvent, les commentaires bien intentionnés des adultes n'arrangent pas la situation, au contraire. Les grandes exclamations émerveillées (du style : « Oh ! le petit parle deux langues, comme c'est intéressant ! Dis-nous quelque chose en anglais ! ») ne font qu'embarrasser et irriter l'enfant, qui tente justement de passer inaperçu. De telles interventions intempestives ont souvent des effets néfastes.

Mme B. se souvient de la réaction de sa fille (bilingue anglais/français et vivant en France) aux panégyriques des gens qui admiraient sa maîtrise de l'anglais :

« Elle ne voyait pas l'utilité de parler une langue dont son environnement ne se servait pas et qui faisait faire des commentaires à son sujet, du genre : " Ah ! elle sait dire *thank you.* " Cela glaçait l'enfant et l'arrêtait dans ses progrès. Il fallait que ce soit une chose naturelle et commune pour qu'elle l'acceptât. »

La maman de Tom, que nous avons citée plus haut, se rappelle à quel point son fils était furieux quand les adultes lui demandaient de faire le caniche savant avec son trilinguisme. Un jour, une dame lui a demandé de dire quelque chose en espagnol. Exaspéré, le petit garçon lui jeta à la face : « Mierda ! », et la rombière de s'exclamer : « Oh, comme il est mignon... Qu'est-ce que ça veut dire ? »

Ici encore, j'estime que l'attitude du parent « étranger » doit être à la fois nuancée, compréhensive et ferme. Il serait aberrant et injuste d'ignorer les sentiments de l'enfant qui, pour des raisons sans doute profondes, cherche à ressembler à ses camarades et non à se distinguer d'eux. Il convient de respecter ce besoin en s'interdisant rigoureusement de donner en spectacle les capacités linguistiques du gamin. On découragera également ce type de comportement chez les autres membres de la famille, notamment les grands-parents si fiers de leurs descendants ; on se montrera discret en public en évitant, par exemple, d'appeler ostensiblement l'enfant dans la langue étrangère en pleine cour de récréation !

Et, surtout, il ne faut pas contraindre l'enfant à parler cette langue à tout instant, en refusant de lui répondre s'il utilise la langue du pays. Une telle conduite, nous l'avons vu, risque d'avoir des effets désastreux, tel qu'un rejet radical de la langue étrangère. Comme ont coutume de dire les Anglo-Saxons : « Vous pouvez conduire un cheval à l'abreuvoir, mais vous ne pouvez le forcer à boire. » Vous pouvez vous adresser à un enfant dans la langue que vous voulez, mais vous ne pouvez l'obliger à la parler.

Il n'est pas question, non plus, de céder sur toute la ligne au conformisme de l'enfant. Chacun se souvient d'avoir été embarrassé par ses parents : le père parlait trop fort en public, la maison était en désordre quand les invités arrivaient, la mère portait des vêtements excentriques. L'enfant doit apprendre à accepter la réalité : oui, son père a une voix puissante, qui s'entend de loin ; oui, sa mère vient d'un autre pays, parle une autre langue et s'habille parfois de façon originale. Rien ne sert de dissimuler son double héritage comme s'il s'agissait d'une chose honteuse. Son ascendance mixte est un fait qui le rend, c'est sûr, légèrement différent des autres enfants. La meilleure façon pour les parents de l'aider à assumer cette différence (et, par la suite, d'en être fier) est de donner l'exemple, de l'accepter eux-mêmes.

Les parents sont souvent peinés de voir leur enfant rejeter cette chance extraordinaire : connaître une langue étrangère. Qu'ils se rassurent ! Le refus d'être différent correspond à une étape dans le développement de l'enfant. La durée de ce stade varie considérablement selon les sujets — certains le dépassent vers neuf ans. Chez d'autres, il se prolonge jusqu'à la fin de l'adolescence. Mais, un jour ou l'autre, il s'achève ; et dans la plupart des cas, ce qui était une cause d'embarras, voire de honte, deviendra une source de fierté, d'enrichissement et de confiance en soi. Devenus adultes, les bilingues sont pratiquement unanimes : pour rien au monde, ils n'auraient voulu manquer cette chance.

C'est là un point que presque tous les parents que j'ai interrogés ont souligné avec force : les enfants commencent par refuser leur différence, puis dépassent ce refus et sont alors fiers et heureux d'être bilingues. On constate d'ailleurs que, tout au long de la croissance de l'enfant, la gêne et la timidité alternent souvent avec des sentiments de confiance en soi et d'orgueil. Ainsi, les parents (française et anglais) de Marc ont obtenu la nationalité britannique pour leur fils à l'âge de quatre ans. Quand ils lui ont annoncé la nouvelle, le gamin a ronchonné qu'il ne voulait pas être anglais. Mais, quelques heures plus tard, ils l'ont entendu se vanter devant un autre petit garçon d'être *à la fois* français *et* anglais ! Daphné, en Grèce, était fière d'avoir une mère française et de pouvoir traduire aux enfants grecs ce que leur disait la monitrice francophone de l'école maternelle. Je trouve touchant, pour ma part, l'exemple d'Éric (quatre ans) se promenant avec ses deux grands-mères et servant d'interprète entre elles ! Quant aux parents de Claudia qui est trilingue (anglais-français-allemand), ils m'ont confié :

« Claudia se sent supérieure, comprend les différents programmes de télévision et de radio, les membres de la famille qui vivent à l'étranger, fait l'interprète pour eux, ainsi que pour ses camarades de classe en cours de langue... »

Les enfants bilingues sont souvent ravis de faire un peu de cinéma devant les autres et de faire étalage de leurs dons linguistiques. Après tout, ils savent quelque chose que les autres ignorent... Plusieurs parents ont noté que leur confiance en eux-mêmes en était renforcée.

Le rejet partiel de la deuxième langue est donc un problème provisoire, qu'il convient de relativiser. Il ne faut pas pour autant le négliger. On aura intérêt, si l'on veut réduire la durée et minimiser les conséquences à long terme de cette phase, à continuer à parler, autant que possible, la langue en question afin qu'elle demeure familière à l'enfant — sans, toutefois, obliger l'enfant à l'utiliser.

Le dialogue bilingue

Nicolas est bilingue. J'ai demandé à sa mère anglaise (mariée à un Français) si son fils avait, à un moment ou un autre, rejeté une de ses langues. Sa réponse mérite d'être rapportée :

« Non, il n'a jamais rejeté une de ses langues. Peut-être, justement, parce que je n'insiste pas lourdement pour qu'il apprenne l'anglais. Bien sûr, cela me ferait plaisir, mais je ne lui dis pas : " Parle en anglais ! " toutes les cinq minutes, comme le font certains de mes amis. Je préférerais qu'il soit parfaitement à l'aise en français d'abord, afin que l'inévitable sentiment d'être déchiré entre deux pays ne soit pas trop dur à vivre. Quand je veux que Nicolas parle en anglais, je crée un contexte favorable. Je lui parle en anglais. J'espère qu'il me répondra de même, mais souvent il me répond en français. »

Attitude pleine de bon sens et de sagesse ! La mère de Nicolas a saisi, consciemment ou non, les *deux principes de base* qui devraient présider à l'éducation bilingue d'un enfant issu d'une union « mixte ».

Premier principe : le parent « étranger » ne doit pas projeter une signification émotionnelle exagérée sur l'acquisition de sa langue par l'enfant. C'est l'intérêt de l'enfant lui-même qui prime, son enrichissement, la compréhension de ses racines culturelles — et non le désir des parents de l'influencer et de se « réaliser » à travers lui. Le parent « étranger » doit être déterminé mais détendu : surtout, pas de « forcing » !

Le deuxième principe est illustré à merveille par l'exemple de la mère du petit Nicolas. Elle est consciente du poids inégal des deux langues dans la vie de son fils. Elle ne les oppose pas l'une à l'autre, elle évite toute compétition entre elles et accepte que l'anglais soit la « deuxième » langue, si cela se révèle nécessaire à une identification solide de l'enfant au pays et à sa culture.

La mère de Nicolas pratique ce que nous appelons le « dialogue bilingue » : les deux interlocuteurs comprennent les deux langues, mais chacun s'exprime dans l'une d'entre elles. Ce n'est évidemment pas une façon idéale de communiquer ! Il serait préférable que l'enfant parle aussi à son parent « étranger » dans sa langue. Toutefois, c'est une bonne façon de progresser vers le but que l'on se fixe : maintenir cette langue vivante et présente pour l'enfant, sans le contraindre à l'utiliser lui-même si, pour une raison quelconque, il est réticent.

Un père d'enfants bilingues, lui-même bilingue de naissance, nous a écrit : « A mon avis, on devrait aider les enfants à apprendre une langue étrangère sans les forcer, en douceur, mais avec persévérance. »

Le dialogue bilingue, où le parent étranger parle sa propre langue à l'enfant — qui la comprend mais répond dans la langue du pays —, correspond à ces critères fort judicieux. D'ailleurs, quand l'usage exclusif de la langue étrangère est difficile, cette solution s'impose souvent tout naturellement.

Bien des parents interrogés ont noté que leurs enfants comprenaient la langue étrangère mais ne la parlaient pas. Toutefois, ils n'acceptaient pas tous une telle situation avec la même sérénité que la mère de Nicolas.

Mme C., par exemple, anglaise, mariée à un Suédois, parlait avec celui-ci uniquement en anglais. Elle était inquiète pour ses deux enfants. Agés respectivement de sept et de neuf ans, ils avaient parlé l'anglais jusqu'à l'âge de trois et cinq ans ; puis la famille s'est installée en France. La mère a continué à communiquer avec eux exclusivement en anglais, mais, peu à peu, le français a pris la première place. A présent, les enfants ne prononcent pratiquement plus un mot d'anglais, même avec leur mère.

Il ne faut pas se faire d'illusions : les craintes de Mme C. sont en partie fondées. Un enfant qui comprend une langue mais ne la pratique jamais activement n'aura pas, le jour où il tentera de la parler, la même spontanéité, la même fluidité que l'enfant qui la manie régulièrement. Mais je pense qu'il conserve toutes ses chances de devenir bilingue, au sens où j'ai défini ce terme. Il peut encore acquérir cette maîtrise naturelle, instinctive, « tridimensionnelle » de la langue. Il peut encore, tout comme un autochtone, saisir les mots avec toutes leurs dimensions, par-delà leur signification étroite, leur définition dans le dictionnaire.

L'attitude de Mme C. a été parfaite : elle a maintenu avec persévérance une familiarité, *un lien constant, naturel et significatif,* entre ses enfants et la langue anglaise. Pour ce faire, elle a simplement utilisé cette langue comme véhicule de communication quotidien, nécessaire, et non comme un jeu gratuit ou un exercice formel. Si une telle conduite est adoptée assez tôt dans la vie du tout-petit (l'idéal étant dès la naissance !), l'enfant assimilera la langue en profondeur, directement (sans la médiation d'une autre langue). Elle déposera en lui comme une source souterraine susceptible, dans des conditions adéquates, de jaillir à la surface.

C'est pourquoi je pense que les inquiétudes de Mme C. sont exagérées. La maîtrise de la langue anglaise acquise par ses enfants n'est peut-être pas très visible, mais elle n'a pas disparu. Tant qu'elle l'utilisera quotidiennement avec eux, ils continueront à l'assimiler. Leur anglais est un peu « rouillé » et il leur faudra du temps pour s'y remettre. Mais, tel un vieux sentier envahi par les ronces de l'été, les arcanes de la langue peuvent être défrichés et devenir praticables de nouveau. Car elles ont toujours été là, profondément gravées dans le cerveau de ses enfants.

Comment passer de l'utilisation « passive » d'une langue dans le « dialogue bilingue » à une utilisation « active », où l'enfant parle lui-même la langue ? L'expérience montre que deux facteurs permettent d'effectuer ce passage :

1) Le parent « autochtone » peut commencer à utiliser la langue étrangère aussi.

2) L'enfant peut passer du temps dans le pays « étranger ».

L'utilisation de la langue « étrangère » par les deux parents

Nous avons soulevé la question de savoir quelle(s) langue(s) chaque parent devait parler à l'enfant. Nous avons examiné la valeur des principes communément répandus : « un parent, une langue », et « un parent (surtout la mère) ne doit parler que sa langue maternelle avec l'enfant». A la lumière des autres aspects que nous avons tenté d'éclairer, *nous pouvons affirmer que ces deux principes sont valables — tout en émettant de nombreuses et sérieuses réserves quant à leur application rigide.*

Ainsi, la règle : « un parent, une langue », doit sans doute être respectée jusqu'à trois, quatre ans, l'âge où les structures fondamentales du langage sont fermement ancrées chez l'enfant. A partir de ce moment-là, oui, la mère (si elle est l' « étrangère » du couple) devrait parler sa langue maternelle à l'enfant (pour des raisons pratiques). Et le père devrait utiliser sa propre langue, celle du pays — s'il s'avère difficile pour lui d'avoir un rapport naturel et spontané avec l'enfant dans la langue étrangère. Si, cependant, il maîtrise suffisamment celle-ci pour communiquer aisément avec son gamin, il n'y aucune raison qu'il ne parle pas en deux langues avec l'enfant : dans la langue du pays quand il communique en particulier avec lui ; dans la langue étrangère quand toute la famille est réunie.

Les parents peuvent également décider de parler *tous deux* la langue étrangère à l'enfant durant ses premières années, afin qu'il devienne aussi bilingue qu'un enfant dont les deux parents seraient immigrés : cette langue sera celle de la maison, et la langue locale entrera dans la vie de l'enfant dès qu'il fréquentera l'école.

Une telle solution présente deux avantages : elle renforce le poids relatif de la langue étrangère qui tend au fil des ans, nous l'avons vu, à céder la place à la langue du cru. De surcroît, la langue étrangère gagne du prestige aux yeux de l'enfant. Ce dernier facteur n'est pas à négliger. Le bilinguisme de l'enfant d'un mariage mixte devrait correspondre à une réalité inscrite dans la situation familiale elle-même, à une culture duelle, assumée, désirée par les deux parents et non seulement par l' « étranger ». Plus cet attachement est manifeste chez les deux parents, et moins le côté étranger de la famille apparaîtra comme quelque chose de marginal et de superflu. Et plus l'enfant aura de chances d'établir un équilibre harmonieux, une complémentarité entre ses deux langues. Si le parent autochtone utilise aussi la langue étrangère, l'enfant sentira concrètement que son entourage soutient à fond son apprentissage de cette langue. (Il en va de même pour les grands-parents, les instituteurs et tous ceux qui ont une influence sur l'enfant. On imagine sans peine l'effet négatif que risque d'avoir, à cet égard, la désapprobation ou la sourde hostilité d'une grand-mère à l'encontre de la langue étrangère !)

Les études menées par l' « Association of American Wives of Europeans » ont révélé une corrélation étonnante entre le niveau de bilinguisme de leurs sujets et le fait que leurs pères parlaient également l'anglais à la maison.

« [...] Le père semble aussi fortement lié au bilinguisme de l'enfant que la mère. En effet, les mères avaient tendance à croire que le bilinguisme de leurs enfants dépendait essentiellement du fait qu'elles-mêmes utilisaient ou non l'anglais avec l'enfant. Or, sans tomber dans l'erreur de vouloir établir une relation de causalité entre les deux facteurs, nous devons souligner qu'à partir de cinq ans le bilinguisme est au moins aussi fortement lié au fait que le père utilise l'anglais avec l'enfant qu'au fait que la mère parle anglais avec l'enfant. »

Cela se vérifie, bien sûr, d'autant plus lorsque le parent « étranger », en général la mère, ne communique pas exclusivement dans sa langue avec l'enfant. Quand, en revanche, elle ne lui parle jamais la langue du pays, l'influence du père qui utilise aussi la langue étrangère est moins marquée.

Pour conclure, la mère étrangère devrait parler sa propre langue à l'enfant dès la naissance, et ce, d'une façon aussi systématique que faire se peut — en tenant compte des exceptions possibles : la présence de camarades de jeu ou de membres de la famille du père, ou lors de discussions à trois avec l'enfant et le père (si ce dernier ne comprend pas la langue étrangère).

Le père autochtone doit utiliser sa propre langue avec l'enfant s'il a l'impression qu'en agissant autrement il n'aura pas un aussi bon rapport avec lui ; cependant il a tout intérêt à utiliser autant que possible la langue étrangère dans les situations triangulaires. Les deux langues peuvent donc être parlées, selon les circonstances, par les deux parents, mais ne devraient pas être mélangées dans une même phrase ou même au cours d'une même conversation.

Séjours au pays du parent « étranger »

L'un des facteurs qui rend parfois difficile et précaire l'acquisition de sa langue étrangère par l'enfant d'un mariage mixte est la nature *arbitraire et gratuite* de son apprentissage. Cette « autre » langue, même s'il l'a parlée et entendue jusqu'à l'âge de l'école, même si elle était la seule langue de sa mère quand il est né, ne lui est plus nécessaire. Sa situation est radicalement différente de celle de l'enfant de deux parents étrangers. Ce dernier, au moins dès son entrée à l'école — sinon avant —, n'a pas le choix : il lui faut apprendre à parler la nouvelle langue (en l'occurrence, celle du pays) aussi vite que possible. Et c'est précisément parce qu'il n'a pas le choix, et qu'il a le dos au mur, qu'il accomplit cette prouesse avec une rapidité et une aisance stupéfiantes.

Dans un couple mixte, la mère étrangère, en parlant exclusivement sa propre langue à l'enfant dès la naissance et en persévérant dans cette ligne de conduite, particulièrement lors de la période délicate des premières années à l'école, crée chez lui le *besoin* de cette langue.

Le père autochtone d'un mariage mixte, en parlant autant que possible la langue étrangère dans les situations triangulaires, renforcera la *motivation* de l'enfant pour la parler lui-même.

Il est également possible de créer chez l'enfant le besoin et le désir de parler la langue d'un pays... en l'y envoyant séjourner quelque temps. Un couple mixte a souvent le contact avec des proches dans le pays en question et, si les conditions matérielles le permettent, des séjours réguliers resserrent les liens familiaux ; ils mantiennent ou réactivent l'intérêt de l'enfant pour la langue et contribuent même parfois à faire sauter un blocage total à son encontre.

Mes recherches confirment ce que d'autres études ont déjà mis en évidence : les visites au pays du parent étranger jouent un rôle important dans le bilinguisme d'enfants issus d'unions mixtes. Voici quelques exemples :

Max n'avait pas encore deux ans lorsque sa famille a quitté la France pour s'installer en Angleterre. Sa mère était française, son père gallois. Les deux langues étaient présentes dans le foyer mais, jusqu'alors, Max et sa sœur aînée, Céline, avaient surtout parlé le français. Dès son arrivée en Angleterre, Céline est allée à l'école locale et, six mois plus tard, elle parlait couramment sa nouvelle langue. Mais pour Max, qui n'avait pas encore maîtrisé sa première langue, la période d'adaptation fut plus longue : il lui fallut deux ans pour parler les deux langues. A l'âge de quatre ans, il décida qu'il préférait l'anglais et commença à « oublier » rapidement son français. Sa mère tenta de résister, mais c'était une bataille perdue d'avance... jusqu'à ce qu'il retourne en France pour une visite de six semaines — d'où il revint aussi à l'aise dans les deux langues que sa sœur !

Tom, quant à lui, avait été élevé en France par une mère américaine qui parlait exclusivement en anglais à ses enfants. Il comprenait parfaitement cette langue, mais, dès que son frère aîné est allé à l'école et que le français est devenu leur véhicule de communication, il a cessé peu à peu de parler sa langue maternelle. Un jour, sa grand-mère américaine en visite en France voulut communiquer avec lui en anglais et l'on s'aperçut qu'il était incapable de s'exprimer dans cette langue (ou ne le voulait pas, par paresse ; c'est du moins ce que soupçonnait sa mère). On l'envoya quelques semaines en Grande-Bretagne, dans une école anglaise. Il y retrouva la parole en anglais — pour ne plus jamais la perdre.

Le cas de Sophie est encore plus impressionnant. Fille d'une mère française et d'un père grec, elle vivait en Grèce et comprenait parfaitement le français. Elle était capable, en guise de jeu, de donner l'équivalent français de chaque mot grec qu'elle connaissait. Mais elle refusait obstinément de parler la langue de sa mère. Jusqu'au jour où celle-ci eut l'heureuse idée de la laisser, à l'âge de quatre ans, seule avec ses grands-parents en France. *En une semaine, le tour fut joué.* Quant ses parents revinrent la chercher, elle bavardait joyeusement en français. Dès lors, plus question de refus de sa part ! Elle retournait chaque été en France, adorait la compagnie de ses cousins et était fière de montrer qu'elle parlait la langue de Descartes au pays de Platon.

De même, Fiona, de mère française et de père américain vivant aux États-Unis, avait parlé le français avec sa mère dès le départ. Mais dès qu'elle fut gardée par une femme américaine, elle n'émit plus un mot de français. Elle persista jusqu'à l'âge de sept ans dans son refus, qui prit brusquement fin quand elle fut envoyée seule en vacances chez ses grands-parents français.

Le cas le plus frappant est peut-être celui d'Yvonne, la fille cadette d'une mère anglaise et d'un père français vivant en France. Le bilinguisme de sa sœur aînée, Jacqueline, s'était développé de façon classique. Chacun des parents lui avait parlé sa propre langue et tout allait bien. Ensuite, elle est entrée à l'école et a commençé a laisser tomber et même à rejeter l'anglais. Suivit une période difficle, au cours de laquelle sa mère a défendu avec acharnement la cause de sa langue natale, puis la situation s'est nettement améliorée après des vacances en Angleterre. Aujourd'hui, à l'âge de neuf ans, la fillette est une vraie bilingue.

L'évolution de sa petite sœur Yvonne a été fort différente :

« Yvonne est née quand Jacqueline avait quatre ans, et nous pensions qu'elle suivrait plus ou moins la même évolution. Mais ce ne fut pas le cas. Yvonne assimilait les mots plus lentement que sa sœur aînée; quand elle est entrée à l'école, son vocabulaire était plutôt limité aussi bien en anglais qu'en français et sa maîtrise des deux langues laissait à désirer. Nous avons persévéré, mais je commençais à me demander si deux langues, ce n'était pas trop pour elle. Son français s'améliorait lentement, mais l'anglais demeurait faible. A quatre ans et demi, elle ne construisait pas de phrases correctes, avec un sujet, un verbe et un complément. L'été dernier, en désespoir de cause, j'ai décidé de jouer une dernière carte : passer deux mois de vacances en Angleterre. Avant de partir, j'ai décidé que, si Yvonne ne parlait pas mieux au retour, je me résoudrais — la mort dans l'âme — à cesser de lui parler en anglais. Si elle était incapable d'assimiler deux langues, il était inutile et même néfaste d'insister.

« Cependant, ces deux mois passés au pays ont opéré un véritable miracle. Yvonne a fait des progrès extraordinaires en anglais. A notre retour à Paris, elle construisait des phrases complètes. Qui plus est, elle était bien plus disposée à parler avec moi en anglais... que sa sœur ! »

Quand c'est le père qui est étranger

Une telle situation est encore assez rare. La plupart des couples « mixtes » vivent dans le pays du mari. La cause en est simple : l'activité professionnelle de l'homme est encore considérée comme prioritaire.

La répartition des rôles au sein de la famille commence à changer et cette différence s'amenuise. Mais cette évolution reste lente, et rares sont les familles où le père passe autant de temps que la mère avec les enfants. Or, c'est précisément ce facteur — le temps consacré aux enfants — qui est décisif en matière de bilinguisme.

Que se passe-t-il lorsque les rôles traditionnels sont inversés, lorsque c'est le père qui passe le plus de temps avec l'enfant ?

Toutes les données que nous avons dégagées concernant la mère étrangère s'appliquent à lui. Il devrait parler sa langue natale à l'enfant, exclusivement jusqu'à trois, quatre ans, et, après le tournant de la scolarisation, aussi souvent que possible.

Dans les familles où les deux parents travaillent, se partagent les activités domestiques et ont beaucoup de temps libre, ou bien, encore, quand le père est particulièrement dévoué à sa famille, s'intéresse à ses gosses et leur consacre une part importante de ses loisirs, il reste encore une chance. S'il s'adresse à l'enfant systématiquement et exclusivement dans sa langue, celle-ci peut devenir assez importante dans sa vie pour résister à la toute-puissance de la langue du pays et pour survivre à la période difficile des premières années à l'école.

Toutefois, dans la famille traditionnelle qui constitue encore la règle, la situation est bien différente : la mère élève les enfants en bas âge ; plus tard, elle s'occupe d'eux quand ils rentrent de l'école. Même le week-end, elle passe davantage de temps avec eux. Le père, quant à lui, se contente de les apercevoir brièvement le matin, au cours du petit déjeuner et le soir au dîner ; il n'est guère disponible le week-end. Comment dans ces conditions ses enfants apprendraient-ils sa langue ? Ils ne sont pas assez « exposés », comme on dit.

Autre différence de taille entre la situation (toujours au sein d'une famille mixte) de la mère « étrangère » et du père « étranger » : quand naît l'enfant, la mère, bien souvent, ne connaît pas la langue du pays et ne peut parler que sa langue maternelle à l'enfant. Mais le père qui travaille à l'extérieur apprend rapidement la langue locale et cédera d'autant plus facilement à la tentation de l'utiliser. Après tout, il est tellement plus facile de s'en tenir à une langue que tout le monde comprend et qui est le véhicule de tout ce qui se passe alentour. Dans un tel contexte, la langue d'un père étranger paraîtra à l'enfant encore plus saugrenue et excentrique que celle d'une mère étrangère. Avec un père étranger et souvent absent, l'enfant n'a de chances d'apprendre la langue allogène que si la mère aussi la parle avec lui.

Lorsque, dans un couple mixte, c'est le père qui est

l' « étranger », les cas de figure qui se présentent sont les suivants :

— soit les parents parlent *tous deux* la langue étrangère *une partie du temps,* ensemble et avec l'enfant — auquel cas, ce dernier peut atteindre un certain degré de bilinguisme ;

— soit la mère parle *systématiquement* à l'enfant dans sa propre langue, la langue locale — et alors, le père aura beau s'escrimer à utiliser sa propre langue avec le bambin, il perdra vite pied et renoncera le plus souvent dès que celui-ci ira à l'école. Certes, l'enfant aura acquis un « sens » pour cette langue, connaîtra quelques phrases, une chanson ou un poème du pays de son papa. Souvent, de surcroît, il manifestera plus tard un vif intérêt pour sa langue, qui pourra être cultivé avec profit. Mais il ne saurait en aucune façon être qualifié de bilingue.

Autre paradoxe qui joue contre la langue allogène : une famille mixte dont le père est l' « étranger » est plus intégrée dans la société locale que ne l'est une famille dont c'est la mère qui est l' « étrangère ». En effet, dans la mesure où c'est le père qui travaille, il apprend plus vite la langue du pays. Sa langue natale joue donc un rôle moindre dans la vie familiale et, par conséquent, dans la vie de l'enfant, qui a peu de chances de devenir bilingue.

L'éducation bilingue des enfants d'un couple mixte n'est pas une affaire aussi simple qu'on le prétend souvent. D'un côté, le parent autochtone doit témoigner d'un grand *respect* à l'égard du pays et de la culture de son conjoint étranger. De l'autre côté, ce dernier doit *accepter avec sérénité* l'inégalité foncière qui existe entre les deux cultures dans la vie familiale et donc dans celle de l'enfant. Le parent « étranger » doit parler sa langue à l'enfant *dès le départ et aussi exclusivement que possible,* ce qui n'est pas toujours « aisé » ni « naturel ». Cela exige bien des efforts, ainsi qu'une détermination à toute épreuve. Et un sens des nuances, car il faut savoir discerner avec finesse la manière particulière dont chaque enfant vit son identité duelle, à la fois en public et dans l'intimité.

Cela dit, d'innombrables couples mixtes élèvent leurs enfants d'une façon bilingue sans se heurter à de grandes difficultés. Il est parfaitement possible de créer les conditions propices à une telle éducation. Déjà, si l'on prend conscience des écueils potentiels dans ce domaine, on aura fait un grand pas vers le succès. J'ai tenté d'indiquer les exigences de base et les dangers les plus courants. Mais il revient aux parents eux-mêmes d'apprécier le contexte spécifique et d'agir selon leurs propres désirs, leurs propres possibilités et, bien sûr, la personnalité de leur enfant.

7
AUTRES CAS DE FIGURE

Nous avons étudié en détail les deux situations suivantes : deux parents étrangers de même nationalité et un couple mixte vivant dans le pays d'un des conjoints. Ces deux types de familles recouvrent 95 p. 100 des cas de figure que j'ai eu l'occasion d'examiner. Restent deux autres situations :

1) deux parents de nationalité différente vivent dans un pays qui leur est étranger à l'un comme à l'autre ;

2) un couple du même pays ou de pays différents change fréquemment de pays de résidence.

Une grande part de ce que j'ai déjà noté s'applique à ces deux catégories. Je me limiterai donc à quelques remarques concernant les aspects particuliers de chacun de ces deux cas.

Les parents de nationalité différente vivent dans un pays tiers

Cette situation présente beaucoup de traits communs avec celle que nous avons analysée au chapitre 6 (couple mixte vivant dans le pays de l'un des conjoints) : on y retrouve un fort potentiel d'enrichissement pour l'enfant, mais aussi des risques de tension.

Elle ressemble aussi à la situation décrite au chapitre 5 (parents de la même nationalité vivant à l'étranger) : on pourra, de même, parler la langue étrangère à la maison, sans se préoccuper outre mesure de la langue du pays que l'enfant apprend par nécessité à l'école.

L'enfant d'un couple mixte vivant dans un pays tiers peut devenir bilingue ou trilingue, dans la mesure où deux ou trois langues sont naturellement présentes dans sa vie. (Il peut aussi rester « monolingue » si ses parents communiquent ensemble dans la langue du pays d'accueil, si aucun des deux ne comprend la langue de l'autre et/ou si aucun des deux ne ressent le besoin de parler sa langue maternelle à l'enfant. C'est souvent le cas aux États-Unis : même dans les communautés étrangères, l'anglais y est la langue courante.)

Quelle(s) langue(s) les parents vont-ils choisir de parler à leur enfant ? Cela dépend de plusieurs facteurs :

— Dans quelle langue communiquent-ils l'un avec l'autre ?

— Quel degré de compréhension chacun a-t-il de la langue natale de l'autre ?

— L'un des conjoints est-il gêné de ne pouvoir suivre une discussion entre son partenaire et l'enfant ?

— Quel est le niveau de motivation de chacun pour apprendre sa propre langue à l'enfant ?

— Quel est le degré de détermination à pratiquer cette langue malgré la pression envahissante de la langue locale ?

Les recherches scientifiques aussi bien que l'expérience vécue semblent indiquer qu'il est parfaitement possible d'élever un enfant de façon bilingue sans que ce fait, à lui seul, réduise en quoi que ce soit ses facultés linguistiques et intellectuelles, et sans troubles psychologiques. Aux parents donc de prendre leurs responsabilités et de choisir en toute liberté.

S'ils utilisent ensemble l'une de leurs langues et si le parent dont la langue est « délaissée » n'y voit point d'inconvénient (et pense qu'il ne changera pas d'avis !) — dans ce cas, ils pourront parfaitement suivre le modèle décrit au chapitre 5 : une langue pour la maison, une langue pour l'école, pour l'extérieur. C'est là une bonne solution tant que les parents acceptent, en toute lucidité et sans arrière-pensées, l'inégalité qui provient cette fois non pas de leur lieu de résidence, mais du fait qu'une seule de leurs langues/origines/cultures est réelle pour l'enfant. On s'assurera donc bien qu'une telle situation ne créera pas plus tard des tensions.

Rappelons-nous ceci : l'enfant ne participe pas à cette décision. Il apprendra la (les) langue(s) qu'on lui parlera, un point c'est tout. Il serait profondément injuste que sa langue fasse de lui un objet de ressentiment de la part de son père ou de sa mère (sans parler des conflits possibles entre eux). Or, c'est ce qui risque d'arriver si le parent dont la langue est « sacrifiée » ne se rend pas bien compte des implications de sa décision.

Toutefois, les deux parents peuvent souhaiter parler chacun sa langue natale à l'enfant, pour des raisons sentimentales ou pratiques (non-maîtrise de la langue du pays ou de celle du conjoint). C'est tout à fait possible. Le gamin apprendra deux langues chez lui, et une troisième à l'école. La difficulté ici est la même que celle qui se pose au parent étranger vivant dans le pays de son conjoint : il lui faut continuer à utiliser activement sa langue natale malgré la prédominance écrasante de la langue locale et, parfois, une forte résistance de l'enfant lui-même. Dans le cas présent, la tâche est d'ailleurs encore plus ardue et périlleuse. Tout d'abord, on ne saurait attendre aucune aide du partenaire : il est dans la même position avec sa propre langue ! De plus, il existe deux fois plus de causes de tension au sein de la famille, car chacun des parents risque de se montrer déçu, frustré, irrité si l'enfant n'utilise pas sa langue autant qu'il le souhaiterait. Enfin, le gosse risque de se sentir dispersé entre trop de langues et ne s'identifier à aucune d'entre elles.

Ici, plus encore que dans les situations analysées précédemment, le contact avec l'enfant doit être fréquent et étroit. Le père qui embrasse distraitement ses enfants le matin, partage un dîner morne et silencieux avec eux le soir et passe son week-end en leur compagnie devant la télévision ne suscitera guère chez eux — on s'en doute — un intérêt débordant pour sa langue !

Le contact avec l'enfant dans la langue concernée doit être établi dès le début. Celle-ci deviendra ainsi un véhicule naturel de communication.

Un dernier point, au risque de nous répéter. Les parents doivent assumer avec fierté leur situation familiale bilingue ou trilingue, mais celle-ci ne doit pas devenir le champ clos d'une compétition où chacun tente de se valoriser par rapport à l'autre, *via* l'enfant.

Familles qui changent souvent leur lieu de résidence

Jusqu'à l'âge de deux ans, il a vécu au Caire. De deux à trois ans, à Djakarta. De trois à cinq ans, à

Paris. De cinq à huit ans, à New Delhi. Puis retour à Paris pour un an. De neuf à douze ans, Genève.

Une vie perpétuellement déracinée peut être stimulante et passionnante pour un adulte, mais elle n'est pas plus indiquée pour un enfant que pour une jeune pousse. Les horticulteurs transplantent fréquemment certaines plantes afin de les « endurcir » : ou bien elles survivent et sortent renforcées de l'épreuve, ou bien elles meurent. Les enfants ne meurent pas d'être constamment déracinés, mais ils en souffrent parfois. Il est peu probable, au demeurant, qu'avant l'âge de dix ans ils profitent réellement du fait de vivre dans tant de communautés différentes. Sauf pour ce qui concerne les langues...

Les parents qui élèvent leurs enfants dans ce type de situation doivent donc trouver un juste milieu : tirer parti au maximum des possibilités linguistiques qui s'offrent à l'enfant, tout en réduisant au minimum les effets déstabilisants qu'un style de vie aussi mouvementé risque d'avoir sur lui.

Ce qui manque à l'enfant, c'est la continuité. Tous les deux ou trois ans, sa famille change de pays : nouvelle maison, nouvelle école, nouvel environnement, nouveau climat, nouvelle alimentation. Il lui faut se séparer d'amis qui lui sont devenus chers, changer d'école, quitter un sol, une région qui lui sont devenus familiers et recommencer sa vie ailleurs. Et puis, quand il commence à appartenir à un pays, il en est arraché de nouveau. Un jeune enfant vit bien davantage qu'un adulte dans le présent. Il n'a pas une vision conceptuelle du temps. Les mois, les années n'existent pas à ses yeux. Il ne peut établir de distance par rapport au temps et comparer diverses périodes. Il n'a pas la possibilité que possède l'adulte de percevoir des segments de temps (un an, deux ans, trois ans) comme des fractions limitées d'une vie. Les parents, lorsqu'ils changent de pays, savent que c'est « pour deux ans ». Pour un petit enfant, ces mots n'ont aucun sens. Son expérience concrète est celle-ci : on l'éloigne brutalement de tout ce qui lui est familier, et on le transplante dans un lieu où tout est étrange. Nous avons vu que le besoin de sécurité et de continuité est très fort chez le jeune enfant. De plus, il n'a aucun moyen de saisir les raisons de ces pérégrinations incessantes. Les références à l'univers mystérieux du « travail de papa » n'expliquent rien et n'apaisent nullement son angoisse.

Une grand-mère, qui nous a parlé de son petit-fils vivant aux États-Unis avec son père américain et sa mère française, nous a raconté l'épisode suivant :

« Son second séjour (en France) a été marqué par une grosse perturbation : il s'était beaucoup plu dans la maison de campagne de ses grands-parents, d'autant qu'il y trouvait, dans l'affection prodiguée, une compensation aux frustrations engendrées par la présence de son frère cadet, encore au sein maternel... A deux ans et demi, au bout d'un mois de vacances, Marc-François était reparti avec ses parents sans être prévenu du départ qui menait la famille en Italie avant le retour définitif aux États-Unis. Il avait donc quitté la maison française avec des " au revoir " joyeux, croyant partir pour une promenade de la journée... Or, la découverte du " non-retour " est très troublante à cet âge : les jours suivants, il garda un mutisme renfrogné, refusant de parler du lieu et des personnes quittés. Les psychologues connaissent bien ces " réactions de séparation " : chez Marc-François, le trouble fut d'autant plus marqué que sa vie changea de cadre, pays et langue, plusieurs fois dans les quelques mois précédant ses trois ans. Ceux où il arrivait étaient toujours " l'étranger "... Lorsque sa mère lui disait en Italie · " On va rentrer à la maison ", il répondait d'un air morne : " Où elle est, la maison ? "

« Être trimbalé entre deux continents, malgré les facilités d'adaptation du jeune enfant, cela peut tout de même augmenter l'insécurité et l'anxiété. »

Incontestablement, l'enfant risque de perdre confiance en lui-même et en ceux qui l'entourent, de se replier sur lui-même et d'éprouver des difficultés à établir et à approfondir des rapports avec les autres. La peur inconsciente de voir ceux à qui il s'attache disparaître de sa vie à tout moment, sans crier gare, risque de l'empêcher de s'engager sur le plan émotionnel — que ce soit avec des gens, des animaux, des lieux ou même des choses.

Loin de moi l'idée que l'enfant placé dans ce type de situation va nécessairement souffrir de troubles psychologiques. Une telle affirmation serait dénuée de fondement. J'entends simplement rappeler aux parents concernés — diplomates, membres d'organisations internationales, employés de sociétés multinationales, etc. — que leur mode de vie itinérant implique de prendre des précautions particulières s'ils souhaitent protéger l'équilibre mental de leurs enfants. Ces précautions sont pour la plupart des mesures d'ordre général et je me contenterai d'en signaler quelques-unes. Elles apparaîtront d'ailleurs sans doute évidentes à tout parent doté d'un minimum de bon sens et d'affection pour ses enfants.

Primo, des enfants placés dans une telle situation ont besoin de tout l'amour, de toute la présence et de toute l'attention que leur père et leur mère peuvent leur donner afin de compenser l'absence cruelle d'autres rapports durables. (Malheureusement, ce sont justement ces enfants en manque d'attention qui en reçoivent le moins, car leurs parents sont trop souvent accaparés par une vie sociale et mondaine intense.)

Secundo, il convient de préparer soigneusement l'enfant, même très jeune, à tout déménagement. Il sera prévenu bien à l'avance ; on en discutera amplement avec lui, on lui en expliquera autant que possible les raisons ; on imaginera avec lui la nouvelle maison, la nouvelle vie qui sera la sienne. Bref, on s'efforcera de lui faire sentir qu'il est impliqué activement dans ce changement, qu'il ne s'agit pas d'une épée de Damoclès suspendue au-dessus de sa tête et contre laquelle il ne peut rien.

Tertio, on maintiendra autant d'éléments de continuité dans la vie de l'enfant que possible. Un de ces éléments, et peut-être le plus important, c'est justement le langage.

Les gens qui vivent et travaillent dans une société cosmopolite sont presque inévitablement multilingues : des époux qui sont exposés en permanence à plusieurs langues peuvent très bien converser en une variété d'idiomes. Ils peuvent mêler les langues au cours d'une même discussion, composer des phrases linguistiquement hétérogènes, former des termes mixtes, et choisir leurs mots aux quatre coins de la mappemonde selon les besoins du moment et du discours. Certaines sous-cultures, certains groupes sociaux cultivent ainsi une sorte de langue hybride inédite, un amalgame de plusieurs parlers. En Égypte, entre les deux guerres, les membres cultivés de la société parlaient, quelles qu'aient été leurs origines, de nombreuses langues : l'arabe, l'anglais, le français, le grec et l'italien. Ils les utilisaient simultanément, puisant à leur gré dans tel ou tel vocabulaire le terme qui leur plaisait — en sachant que leur interlocuteur les comprenait et répondrait sur le même mode. Certes, leur italien n'était pas tout à fait celui que l'on entend dans la péninsule. Et de même pour les autres langues. Mais le temps et l'usage aidant, ils avaient forgé un outil au moins aussi efficace et précis que les matériaux originels dont il avait été formé. Une telle « langue » ne pouvait cependant pas être exportée. Elle était le produit d'un mélange bien précis d'ethnies et de nationalités, à un moment et en un lieu particulier : ses combinatoires verbales, son patchwork d'expressions bigarrées n'auraient pas le même sens à une autre époque et dans un autre pays.

Les adultes qui changent souvent de pays de résidence et utilisent plusieurs langues dans leur vie professionnelle ont parfois tendance à faire de même en famille. A mon avis, s'ils ont de jeunes enfants, ils devraient limiter le nombre de leurs langues « quotidiennes » et s'efforcer de mêler le moins possible celles qu'ils parlent en présence des enfants.

Je ne suis pas un partisan fanatique de la théorie : « une langue par personne ». Mais il me paraît raisonnable et prudent, dans une situation où quatre, cinq ou même davantage de langues sont présentes, de permettre à l'enfant de se concentrer sur deux ou, au maximum, trois langues. De fait, nous ne connaissons pas les limites des capacités linguistiques d'un enfant. A quel moment la coupe est-elle pleine ? Nul ne le sait a priori. Ce que nous savons, en revanche, c'est qu'un enfant peut apprendre deux ou trois langues simultanément sans que son développement en souffre le moins du monde. Nous savons également, que s'il est privé d'un contact actif avec une langue, il l'oubliera aussi vite et aussi facilement qu'il l'a apprise. Je conseillerai donc aux parents de choisir les deux ou trois langues qu'ils maîtrisent le mieux et qu'il leur sera possible de cultiver avec l'enfant à travers toute son enfance et son adolescence — quel que soit le pays de résidence.

Les langues qui ont le plus de chances d'être choisies sont, bien évidemment, celles des parents. Si l'une de ces « langues maison » est une langue internationale, comme l'anglais ou le français, l'enfant pourra fréquenter des écoles locales jusqu'à l'âge de sept ou huit ans, même si la famille change de pays durant cette période. En effet, une continuité fondamentale existera dans la vie de l'enfant : elle sera assurée par la ou les langues parlées à la maison (il ne faut cependant pas qu'elles changent en cours de route !). L'enfant sera encore assez jeune pour s'adapter sans trop de difficultés. De plus, sur le plan scolaire, il n'aura pas encore atteint le stade des programmes rigides, des examens et de la course aux diplômes (voir chapitre 8).

Il arrive qu'aucune des langues maternelles des parents ne soit une langue d'usage courant dans le monde. C'est ainsi qu'un père suédois et une mère vietnamienne auront tout intérêt, s'ils le peuvent, à offrir à leur enfant les moyens d'apprendre une langue internationale, soit en engageant une fille au pair, soit en l'envoyant à une école bilingue ou internationale. Il acquerra ainsi la connaissance élémentaire d'une langue qui lui permettra, plus tard, de suivre un parcours scolaire continu — malgré les changements de pays. Dans la plupart des grandes capitales de ce monde, l'enfant pourra accomplir sa scolarité en anglais ou en français, ce qui n'est pas le cas d'autres langues. Sans parler, bien sûr, de tous les avantages qu'une maîtrise de ces langues lui apportera dans la vie. (Ces questions concernant l'éducation et la scolarité seront traitées plus en détail au chapitre suivant.)

Il importe avant tout de limiter le nombre des langues que l'enfant est amené à apprendre. Il convient également d'assurer une continuité dans l'usage de ces langues en les parlant systématiquement pendant toute l'enfance — quel que soit le pays de résidence. Il est préférable, par ailleurs, que la langue scolaire soit toujours la même. Enfin, on évitera d'introduire des mots et expressions d'autres langues dans la langue « de la maison ». Cette langue, élue entre toutes, sera cultivée avec art, de façon que l'enfant s'en approprie la richesse et les nuances. Ainsi, on limitera les risques de dispersion mentale qu'implique l'usage de plusieurs autres langues et on renforcera cet élément de stabilité dans une vie changeante et discontinue.

8

LES ENFANTS BILINGUES ET L'ÉCOLE

Il n'y a pas si longtemps on considérait, dans les sociétés occidentales respectables, que les bilingues étaient bizarres et excentriques. Connaître deux langues était une tare, presque un signe de débilité ! Au XVIIIe, au XIXe et jusqu'au début du XXe siècle, toute jeune demoiselle anglaise de bonne famille se devait de connaître un peu de français ou d'italien — de quoi chanter quelques airs exotiques —, mais point trop n'en fallait. Parler couramment une langue étrangère était suspect et même scandaleux. Les gens voyageaient moins, connaissaient peu les autres pays et leurs habitants : tout ce qui était associé, de près ou de loin, à l'« étranger » évoquait un monde trouble et immoral. Un peu comme si un intérêt trop poussé pour un autre pays constituait une trahison du sien. L'opinion générale tenait toute personne bilingue pour déracinée, double, marginale et dénuée de principes.

Ce n'est pas seulement d'un point de vue moral que les bilingues étaient considérés comme déficients. Encombrer le cerveau d'un enfant, ou même d'un adulte, avec deux langues ne pouvait, estimait-on, que retarder et entraver son développement intellectuel. Il apprendrait plus lentement, sa capacité de raisonnement serait déformée par une confusion permanente entre deux systèmes et sa maîtrise de chaque langue serait superficielle, comparée à celle qu'une personne monolingue pouvait atteindre dans sa sacro-sainte langue « maternelle ».

Il me semble que de telles croyances découlaient d'un postulat vague et non formulé : nos capacités cérébrales seraient limitées. Celui qui apprend deux langues les assimilerait mal toutes les deux ; la seconde langue s'emparerait de l'espace précieux et limité réservé à la première. Conséquence : la langue natale ainsi que la connaissance en général ne se développeraient pas normalement.

Je ne m'avancerai pas, dans le cadre restreint de la présente étude, à critiquer la conception selon laquelle nos capacités cérébrales sont limitées. La science elle-même est encore loin de fournir à ce propos une réponse claire. Néanmoins, l'état actuel des recherches en ce domaine paraît suggérer ceci : plus nous utilisons « nos cerveaux » et plus ils déploient de capacités. Ainsi, selon l'hypothèse de Jacques Monod, le cerveau réagit au fait qu'on l'utilise en se développant davantage. En tout cas, une chose paraît sûre : l'homme est encore très loin d'utiliser toutes les potentialités de son cerveau. Il est donc aberrant de considérer qu'il risque d'être saturé par la présence d'une deuxième langue.

Hélas ! un certain nombre d'études menées dans des conditions peu rigoureuses au cours de la première moitié de ce siècle ont conforté les opposants du bilinguisme dans leurs positions fausses, quoique compréhensibles.

Pour ce qui est des questions touchant à l'intelligence et à l'éducation de l'enfant bilingue, je me suis inspirée à la fois des résultats de ma propre enquête et de l'étude menée par Lewis Balkan : *Les effets du bilinguisme français-anglais sur les aptitudes intellectuelles* (AIMAV, Bruxelles, 1970). Cet ouvrage est peut-être le plus complet, le plus objectif et le plus cohérent de tous ceux qui ont traité de cet aspect particulier du bilinguisme.

Les enfants qui commencent à parler tard

Les Benoît vivent en France ; elle est française, il est franco-américain et parfaitement bilingue. A la naissance de leur première fille, ils ont commencé à lui parler exclusivement en français. Lorsqu'elle a atteint seize mois, ils ont décidé que son père ne lui parlerait plus désormais qu'en anglais. S'il est vrai qu'au cours des seize premiers mois l'enfant ne « parle » que fort peu, il ne s'agit pas moins d'une période décisive pour le développement du langage. En outre, dans le cas présent, c'est le père, moins présent que la mère, qui l'initia à sa nouvelle langue. Il y avait donc peu de chances a priori qu'elle atteigne en anglais la même maîtrise qu'en français. Et de fait, à l'âge de quatre ans, elle comprenait le plus clair de ce qu'on lui disait en anglais mais ne le parlait guère elle-même. Toutefois, sa maîtrise de la langue française n'a pas souffert de la présence d'une seconde langue ; en fait, son français était plutôt meilleur que celui de la plupart des enfants monolingues de son âge.

La fille cadette a connu un sort différent : son père lui a parlé en anglais dès sa naissance. Elle a donc été exposée simultanément aux deux langues. Au moment où j'ai mené mon enquête, elle était âgée d'environ deux ans et ne prononçait que quelques mots dans chaque langue. L'exemple de ces deux sœurs n'est pas en lui-même significatif. Tous les parents qui ont plusieurs enfants ont pu remarquer que ceux-ci commencent à parler à des âges fort différents. Et, comme dans le cas présent, c'est souvent l'aîné — sans doute parce qu'il reçoit davantage d'attention — qui s'exprime le plus tôt.

Cependant, les recherches ont confirmé que les enfants exposés dès le début à deux langues commencent en général à parler tard. J'incline à penser que ce dernier facteur a joué dans le cas de la fille cadette des Benoît. Alors que ce problème n'était pas évoqué dans le questionnaire qui leur était soumis, une forte proportion des couples interviewés et dont les enfants avaient appris deux langues simultanément m'ont spontanément fait remarquer que leurs enfants avaient commencé à parler plus tard que la moyenne (ou bien encore qu'ils étaient restés longtemps incapables d'accoler deux mots ensemble).

Mme E., une Française qui élève ses enfants aux États-Unis, nous disait de son fils cadet :

« Arrivé à un an, il comprend parfaitement les deux langues. L'anglais a été appris en garderie sans problèmes apparents, mais il présente actuellement, à deux ans et demi, un retard de langage. J'entends par là qu'il ne parle que quelques mots de français, d'une syllabe ou de deux syllabes répétées qui ne sont pas très distinctes mais très bien appropriées. Il emploie également quelques monosyllabes d'anglais à bon escient, en n'employant que le français à la maison, et l'anglais au-dehors (exemple : sortant de la garderie, je lui dis en français : “ Dis au revoir ”, il secoue sa main et dit : “ Bye-bye ”). Son retard me semble normalement lié au fait qu'il a fait un travail de compréhension double et, en même temps, il a maintenant un double travail d'expression à faire qui demande un peu plus de temps. (Combien faut-il de temps aux adultes pour y parvenir ?) ».

Les parents qui vivent ce type de situation et s'en inquiètent peuvent se rassurer. Dans ce contexte, un tel retard dans l'expression verbale est banal : il s'agit d'un phénomène normal et compréhensible. En effet, s'il existe une limite aux capacités cérébrales, c'est peut-être justement à cet âge ; après tout, le très jeune enfant bilingue doit bel et bien apprendre deux fois plus de mots que le bébé monolingue. Mais *ce retard est provisoire.* Les enfants bilingues dès la naissance rattrapent leurs petits camarades dans l'une ou l'autre, ou même les deux langues ; ils atteignent la même maîtrise verbale, le même sens des nuances vers l'âge de quatre ou cinq ans. Toutes les personnes interrogées ayant signalé que leurs enfants avaient commencé à parler tard ont également noté que ce retard avait été comblé, au moins dans une langue, au cours des deux ou trois années suivantes.

Phénomènes de « confusion » entre les langues lors des premières années

On constate fréquemment un autre phénomène parmi les enfants exposés à deux langues dès la naissance, et qui inquiète beaucoup leurs parents — bien à tort, d'ailleurs, car il est tout aussi passager que le précédent. C'est celui de la confusion entre les langues. En effet, jusqu'à deux, trois ans, ces enfants ont tendance à utiliser des éléments des deux langues dans une même phrase. Il peut s'agir de mots isolés, d'expressions, de structures grammaticales, de néologismes que l'enfant forme en combinant des éléments des deux langues, ou encore de transferts d'une langue dans une autre :

« Mon mari (qui est français) et moi-même (qui suis américaine) avions décidé d'utiliser les deux langues avec notre enfant dès le début ; je ne communiquais pratiquement qu'en anglais avec elle, et lui en français. Aujourd'hui, Émilie a vingt mois et commence tout juste à répéter des sons et à désigner les choses par des mots. Elle comprend assez bien l'anglais et le français et sait dire certaines choses dans les deux langues (au revoir, *bye-bye ; shoe,* chaussure...), dans d'autres cas, elle choisit le mot le plus facile à prononcer. »

D'autres exemples de mélanges sont révélateurs. Ainsi Chloé aimait manger des « apommes » (*apple* + pomme), voyager en « cature » (*car* + voiture) et enfiler ses « shauchures » (*shoes* + chaussures).

Nicolas, pour sa part, n'aimait pas employer les adverbes interrogatifs anglais commençant par un « w » *(who, what, where, when, why).* Il demandait donc : « Quand you go shopping, mummy ? » Ou alors il posait des questions en anglais en utilisant seulement l'intonation, comme en français (« I can get down ? »). Il lui arrivait aussi d'émettre des phrases en anglais avec des tournures françaises, telles que : « I've got a tank, *me.* » A l'inverse, l'influence de la langue anglaise sur son français apparaissait clairement dans des phrases du style : « Quand j'étais quatre » (Quand j'avais quatre ans). Dans la même veine, la petite Juliette disait : « Je veux mettre ma bleue robe », ou bien encore : « Il regarde comme papa » *(he looks like).*

Daniel, de mère américaine et de père français, a vécu la première année de sa vie aux États-Unis avant d'émigrer en France où sa mère a continué à lui parler exclusivement en anglais :

« Il a commencé à parler à seize mois, et à vingt mois il possédait déjà un vocabulaire de soixante mots. Quand il a commencé à construire des phrases, les deux langues avaient tendance à s'entremêler dans son discours. Toutefois, on avait l'impression qu'il ne les mélangeait pas vraiment ; il puisait plutôt dans les deux vocabulaires afin de combler les vides d'une langue à l'autre. »

L'enfant choisit ses termes indifféremment dans chaque langue : il peut s'agir du mot le plus facile à prononcer, de celui qui lui vient le premier à l'esprit, de celui qui lui est le plus familier (parce qu'il aborde le sujet en question plus souvent dans une langue que dans l'autre) ; ou encore, peut-être en préfère-t-il tout simplement la sonorité...

Jusqu'à l'âge de deux ans, l'enfant ne distingue pas nettement deux systèmes linguistiques séparés. Tout se passe comme s'il forgeait un outil de communication inédit en combinant les deux langues, d'une manière qui évoque le langage cosmopolite en usage parmi les membres de communautés multilingues.

Lewis Balkan, qui s'inspire lui-même de plusieurs études connues, note :

« Depuis l'apparition de la parole, et jusqu'à l'âge de deux ans environ, même quelquefois jusqu'à l'âge de trois ans..., l'enfant paraît puiser dans un fond commun de vocables des deux langues. A ce stade apparaissent les premières indications de l'installation de ce qui constituera deux systèmes linguistiques autonomes. »

Les spécialistes s'accordent sur un point : la séparation, tant au niveau conscient qu'inconscient, des deux langues en deux systèmes indépendants s'accomplit progressivement entre la fin de la deuxième et de la quatrième année ; avant ce stade, on ne saurait parler d'« interférence » entre les deux systèmes. Après cette phase, la distinction entre deux codes qui se développent chacun de façon autonome est claire et nette, du moins pour ce qui est de la prononciation et de la maîtrise des structures grammaticales ; de plus, les « emprunts » de vocables d'une langue à l'autre se font de plus en plus rares. Et même lorsqu'ils se produisent à l'occasion, ils ne prouvent nullement que l'enfant « confond » les deux langues.

Il suffit donc aux parents de se montrer vigilants, de suggérer discrètement à l'enfant le mot qui lui manque dans la langue qu'il est en train d'utiliser. (Mais il ne faut surtout pas corriger sans cesse l'enfant au moindre mot, on risquerait d'inhiber son désir spontané d'expression.) Et puis, bien sûr, les parents éviteront de mélanger eux-mêmes les langues dans une même phrase ou au cours d'une même discussion.

Le point de vue des spécialistes est donc confirmé par le vécu des parents : chez le très jeune enfant bilingue, l'usage tardif de la parole et les libres associations de mots puisés dans les deux langues font partie d'un développement normal et ne devraient pas inquiéter les parents. Ces phénomènes ne prouvent nullement que l'apprentissage de deux langues ait un effet néfaste sur le développement intellectuel de l'enfant.

Ce n'est qu'au début des années trente que la question du bilinguisme (ou du multilinguisme) et de ses effets sur l'intelligence a attiré l'attention des chercheurs. Les premières études consacrées au sujet étaient tantôt des récits d'expériences personnelles de parents ayant éduqué leurs enfants de façon bilingue, tantôt des enquêtes comparatives sur des groupes d'écoliers bilingues et monolingues et leurs capacités intellectuelles respectives.

La plupart des auteurs de ces études étaient sans doute impartiaux et armés des meilleures intentions. Mais le bilinguisme en tant que champ d'étude n'en était qu'à ses tout débuts. Bien des facteurs décisifs demeuraient ignorés. Les tests, notamment, n'en tenaient compte ni dans le choix des enfants étudiés, ni dans la méthode d'analyse, ni dans l'interprétation des résultats. Balkan cite à cet égard un exemple révélateur, qui montre à quel point ces dernières « enquêtes » étaient approximatives et même parfois carrément biaisées.

En 1932, B.F. Haught a publié les résultats d'une longue enquête sur un groupe d'enfants d'origine mexicaine fréquentant une école américaine. Haught avait suivi l'évolution de ces enfants entre sept et dix-sept ans. Il affirmait que non seulement leur intelligence et leurs résultats scolaires étaient inférieurs, au début de leur scolarité, à ceux de leurs camarades américains, mais que la différence, loin de se réduire à mesure que les Mexicains parlaient mieux l'anglais, s'accroissait au fil des ans. La conclusion de Haught était on ne peut plus sommaire : le groupe mexicain était moins intelligent que le groupe américain !

Cette étude est malheureusement typique de la plupart de celles qui furent effectuées à cette époque. Elle ne prend pas en compte plusieurs aspects essentiels : tout d'abord, elle ignore l'origine socio-économique des enfants mexicains, qui étaient certainement défavorisés par rapport aux enfants américains ; ensuite, il n'est fait mention que de tests verbaux ; or, ces derniers mesurent la capacité d'expression linguistique des enfants plutôt que leur intelligence ; enfin, trop de questions épineuses sont cavalièrement passées sous silence : les rapports entre les deux groupes ethniques, le climat qui régnait dans et en dehors de l'école, l'influence des maîtres — et même celle de Haught lui-même en tant qu'Américain (à supposer que ses propres préjugés n'aient pas affecté son attitude envers les petits Mexicains, il se peut fort bien que les leurs aient modifié celle des enfants à son encontre). Le caractère grossier et simpliste des conclusions de Haught découle tout naturellement de la nature primaire de sa méthode d'enquête.

Au fil des ans, l'approche des chercheurs est devenue plus fine, plus cohérente. Ils ont commencé à tenir compte de facteurs significatifs ignorés jusque-là. Des méthodes plus précises ont permis de jauger leur influence respective. Du coup, il est devenu clair que la tâche de mesurer et d'interpréter les effets du bilinguisme précoce sur l'intelligence de l'enfant est extrêmement complexe. La maîtrise de deux langues est inextricablement liée aux autres aspects de la vie du gamin. De plus, le terme « bilingue » recouvre des réalités fort diverses.

Dans l'état actuel des recherches, il semble — toutes conditions égales par ailleurs — que, pour ce qui est de son développement intellectuel, *être bilingue est un avantage et non un handicap pour un enfant.* Hélas, entre-temps, les conclusions erronées des premières études, qui étaient défavorables au bilinguisme, se sont répandues dans l'opinion et sont devenues *vox populi.* Tant de méfiance, tant de préjugés entourent encore la question qu'il faudra beaucoup de temps et d'efforts pour l'envisager avec objectivité.

Le bilinguisme « inégal »

Pourquoi, se demande Balkan, les sujets bilingues obtiennent-ils des résultats inférieurs à ceux des autres dans les nombreuses expériences menées jusqu'à présent ? Bien sûr, reconnaît-il, l'origine socio-économique des sujets et le fait que les tests ne mesurent pas l'intelligence non verbale expliquent en partie cette infériorité. Mais ce n'est pas tout :

« Il ne suffit donc pas, pour parvenir à un bilinguisme accompli, de vivre dans un milieu où deux langues sont couramment en usage. La maîtrise d'une langue est liée directement aux expériences effectuées dans et par elle, et cette maîtrise est fonction de la qualité comme de la quantité de ces expériences. Si le bilinguisme doit être vraiment équilibré et approcher de la perfection autochtone, il faut fournir un effort spécial pour compenser convenablement les diverses lacunes, contaminations et autres fâcheux effets d'interférences entre deux codes qui se constituent progressivement. »

Nous l'avons déjà remarqué, il est évident que la connaissance acquise par l'enfant de la langue parlée à l'école et dans la rue ne saurait être la même que celle de la langue pratiquée uniquement à la maison. Si, au cours des premières années, l'enfant a peu de contacts avec le monde extérieur et si, dans le cas d'un mariage mixte, le parent autochtone ne lui parle pas dans la langue locale, la langue étrangère utilisée à la maison sera son moyen de communication principal — sinon exclusif. Mais, nous l'avons vu, dès qu'il ira à la crèche ou à l'école (ou même plus tôt, s'il a des frères et sœurs aînés), la langue « extérieure » acquerra la prédominance.

L'enfant passera le plus clair de son temps dans des situations où la langue du pays est de mise ; il s'intéressera davantage à ce qui se passe dehors qu'à la maison. En outre, la langue du pays est aussi celle de l'école : en tant que véhicule de son éducation, elle sera enrichie, approfondie, et portée à un degré de maîtrise à laquelle ne saurait prétendre la langue « étrangère ». Même un enfant qui s'ennuie ferme à l'école, et à qui toutes les occasions sont bonnes pour tirer au flanc, atteindra un niveau d'expression supérieur à celui qui peut s'obtenir dans la vie familiale quotidienne avec ses bavardages répétitifs et ses conversations décousues. Comme l'a bien vu Balkan, le niveau de maîtrise d'un individu dans une langue donnée dépend à la fois de la *quantité* et de la *qualité* des expériences vécues dans et à travers celle-ci. La qualité d'abord : cent soirées de conversations banales et languissantes entre la poire et le fromage ne valent pas cent matinées de discussions actives et stimulantes sur des sujets passionnants. Mais la quantité aussi : dix matinées aussi merveilleuses soient-elles ne donneront pas autant de résultats qu'une centaine de soirées fastidieuses.

Ceux qui prétendent qu'une connaissance naturelle de deux langues est nécessairement superficielle auraient-ils donc raison ? Une personne bilingue depuis sa plus tendre enfance ne se hissera-t-elle jamais, dans aucune de ses deux langues, au niveau d'expression qu'elle aurait atteint si elle n'en avait appris qu'une ?

Je suis convaincue du contraire. Certes, l'enfant bilingue, qu'il soit issu de deux parents ou d'un mariage « mixte », n'aura pas, au terme de ses études secondaires, le même niveau dans les deux langues ; sa maîtrise de la langue « de la maison » (ou étrangère) sera inférieure ; mais une éducation bilingue et biculturelle ne peut être que bénéfique (dans la mesure où les autres aspects de la situation sont positifs). La « deuxième » langue (deuxième en importance, bien qu'elle soit souvent la langue maternelle) n'entrave en rien le développement de la première, elle n'empiète pas sur son « espace vital ».

Pour comprendre pourquoi il en est ainsi, il nous faut maintenant approfondir deux aspects importants de l'éducation bilingue.

La langue « principale »

Tout d'abord, souvenons-nous que l'enfant d'un ou de deux parents étrangers, aussi lié soit-il aux siens et à leur culture, n'en reste pas moins essentiellement un enfant du pays dans lequel il vit. Sa langue principale est la langue de l'école, la langue de « l'extérieur », la langue de la rue. C'est cette langue qu'il parlera probablement le plus quand il sera adulte. Nier cette réalité serait refuser de reconnaître une existence indépendante à l'enfant. S'il veut respecter l'enfant pour ce qu'il est vraiment, le parent étranger se gardera donc bien de projeter ses désirs sur lui. Il ne doit pas se faire d'illusions : l'enfant n'appartient pas autant à sa culture étrangère qu'à celle du pays où il vit. La place de sa langue « étrangère » sera d'autant plus réduite si seulement l'un des parents est étranger et si la famille est bien intégrée dans le pays d'accueil. En revanche, l'enfant de parents américains qui séjourne provisoirement à Paris, va à l'American School, passe systématiquement ses vacances aux États-Unis et ne fréquente, tout comme ses parents, que d'autres Américains, est incontestablement plus américain que français. Sa langue principale sera bien évidemment l'anglais. Toutefois, cette vie de type « colonial » (ou bien, à l'autre extrémité de l'échelle sociale, de ghetto) constitue une exception plutôt que la règle. Pour la plupart des enfants bilingues, la langue principale est celle dont ils se servent avec leurs amis, à l'école, dans la rue.

Il serait illusoire de s'imaginer qu'une personne bilingue puisse atteindre une maîtrise parfaitement identique dans ses deux langues. De fait, dans le cas de l'enfant bilingue moyen, l'une des deux langues est clairement la langue « principale » ; il est donc vital que les parents reconnaissent la primauté de la langue du pays dans la vie présente et à venir de l'enfant. Non que leur attitude puisse remettre en cause cette prédominance : comme nous l'avons déjà constaté, la langue utilisée dans les situations les plus variées et les plus passionnantes est celle qui connaîtra le plus grand essor. Mais une attitude positive et ouverte de la part de la famille lui permettra de tirer le maximum de la situation. Au contraire, si le parent étranger n'accepte pas le fait que son gamin parle la langue du pays mieux que la sienne, il risque de créer un problème dramatique, qui empoisonnera la vie de l'enfant et celle de toute la famille.

Il est donc clair que la langue du pays constituera pour l'enfant, dans presque tous les cas, un outil plus raffiné, plus élaboré et plus efficace que la langue parlée à la maison. Mais nous pouvons rassurer nos lecteurs. Le plein essor de cette langue principale ne sera nullement entravé par la présence de la langue secondaire (que celle-ci soit un moyen de communication occasionnel ou exclusif au sein de la famille).

En revanche, l'inverse peut parfois se produire. La maîtrise atteinte par l'enfant dans la langue « domestique » ne saurait être comparée à celle qu'il déploie dans la langue du pays. Force est donc de reconnaître que la langue locale peut effectivement faire obstacle au développement de la langue parlée à la maison. Mais le champ d'utilisation de la langue « extérieure » est tellement plus étendu et plus varié qu'il est difficile d'imaginer que celle-ci puisse être détrônée. (Excepté, bien sûr, au cours des premières années, où la langue étrangère prédomine.)

L'expérience des parents interrogés confirme ces conclusions. Mon enquête montre que la pratique d'une deuxième langue à la maison ne nuit pas au développement de la langue locale. Elle n'a pas d'effets négatifs sur les résultats scolaires. C'est ce qu'affirment tous les parents sans exception. Certains d'entre eux se montraient quelque peu préoccupés par le fait que leur enfant n'avait pas le niveau qu'ils auraient souhaité *dans sa deuxième langue,* la langue « étrangère ». Mais aucun parent dont l'enfant avait dépassé l'âge de huit ans ne considérait que son bilinguisme avait constitué un handicap à l'école.

On objectera, bien entendu, que, dans le cadre du questionnaire qui leur était soumis, ces parents se voyaient mis en demeure de juger leur propre enfant et le type d'éducation qu'ils avaient eux-mêmes choisi ; ils refusaient donc peut-être d'admettre qu'ils avaient fait fausse route. A de telles réserves, je ne puis répondre que ceci : les parents d'enfants plus jeunes n'ont pas hésité à faire part ouvertement de leurs craintes ou de leurs déceptions ; mais plus leurs enfants étaient âgés et plus l'inquiétude concernant leur intelligence ou leurs résultats scolaires s'estompait — pour disparaître au moment de l'entrée au lycée. Ils estimaient en général que le niveau de leur enfant à l'école était « normal » parfois même supérieur (certains avaient sauté une classe). Ces données confirment les résultats des tests les plus récents concernant le niveau intellectuel et les performances scolaires des enfants bilingues : toutes conditions égales par ailleurs, les enfants bilingues obtiennent des résultats identiques, sinon légèrement supérieurs, à ceux des « monolingues ».

Un seul des parents interrogés s'est inquiété du niveau médiocre de son enfant dans la langue du pays. Mais, comme nous allons le voir, cette faiblesse présumée était certainement due à d'autres facteurs que son bilinguisme. Ce cas est intéressant car il montre comment un facteur extralinguistique est susceptible d'affecter le développement de l'une ou l'autre langue chez l'enfant.

Christian, âgé de dix ans, est le fils d'une mère française et d'un père polonais ; il a toujours vécu en France ; cependant, ses parents se sont rencontrés aux États-Unis et ont toujours parlé l'anglais à la maison, aussi bien ensemble qu'avec lui. Christian a parlé un peu le français dès son plus jeune âge : avec les femmes qui s'occupaient de lui, ses grands-parents maternels... Mais, malgré un niveau d'intelligence apparemment exceptionnel et des résultats plus que satisfaisants dans les autres matières scolaires, il a des problèmes d'expression et d'orthographe en français :

« Il a un modèle auquel il fait référence en tout, son père, qu'il admire comme un dieu. Mon mari (journaliste et photographe) est, en effet, un être hors du commun, *doué en tout,* pourvu qu'il décide de s'intéresser à quelque chose. Il a des dons aussi variés que ceux de savoir travailler le bois artistiquement, ou faire marcher impeccablement le moteur d'une voiture, réaliser de a à z une photo d'art, parler plusieurs autres langues, etc., la liste serait trop longue. Mais voilà : il ne parle pas impeccablement le français, bien qu'il lise et comprenne tout, parce que, pour lui, ce n'est pas indispensable dans la vie. Christian, si je ne me trompe, adopte inconsciemment l'attitude de son père sans comprendre que la situation est totalement différente. Depuis trois années scolaires, je n'étais pas à la maison pour rétablir l'équilibre, mais, cette année, tout semble rentrer dans l'ordre. J'attends que Christian prenne *lui-même* conscience de l'importance du français pour lui et que sa personnalité propre se dessine. Il faut qu'il apprenne à moins imiter son père, puisqu'il ne parviendra jamais à être sa copie conforme, et à être lui-même. »

J'ajouterai simplement qu'étant donné l'intelligence du garçonnet et l'attitude lucide de sa mère, j'estime qu'il n'y a pas lieu de se faire du souci. Le temps aidant et moyennant quelques efforts, Christian parviendra certainement à parler correctement le français et profitera pleinement de toute la richesse de son héritage culturel.

Et l'« autre » langue ?

Peut-être certains lecteurs ont-ils été heurtés par le fait que j'ai appelé la langue du pays « langue principale », et la langue étrangère « l'autre langue ». Mais je persiste et signe, car j'entends insister sur le fait suivant : les deux langues ne peuvent et ne doivent revêtir la même importance dans la vie de l'enfant. « Mais, me demandera-t-on, la seconde est-elle vouée à devenir marginale ? Est-elle condamnée à s'étioler, tel un buisson malingre, privé de soleil et de minéraux à l'ombre d'un grand arbre ? »

Certes, non ! Comme l'a bien vu Lewis Balkan :

« On a répété à satiété que le petit enfant apprendra deux langues, de façon toute naturelle, par le seul fait de vivre dans une ambiance bilingue. Un enseignement formel ne serait pas nécessaire, car l'enfant apprend en jouant. C'est vrai à condition d'avertir que ce que l'enfant apprend ainsi, c'est le jeu phonétique, les structures grammaticales de base et un vocabulaire restreint à sa seule expérience vécue... »

En d'autres termes, l'enfant apprend en jouant les fondements mêmes de la langue. Nous l'avons vu, deux de ces fondements, l'accent et la maîtrise instinctive de la grammaire, ne peuvent être appris à l'âge adulte. Or, à condition de pratiquer activement une langue, l'enfant est à même d'enrichir et de perfectionner ces fondements, tout au long de sa vie.

N'oublions jamais que ce qui compte dans l'éducation, ce sont les résultats, les ressources mises à la disposition de l'enfant et dont il pourra bénéficier lorsqu'il sera devenu adulte. Trop de tests et d'enquêtes négligent le facteur de la durée. On déplore le développement inégal des deux langues, mesuré à un instant particulier de la vie de l'enfant — comme si cela démontrait l'échec de toute éducation bilingue. Ce qui importe avant tout, c'est la langue du pays où vit l'enfant, celle qui préside à son éducation. Sa maîtrise de cette langue ne doit pas, du fait de son bilinguisme, être inférieure à celle de ses camarades « monolingues ». Nous pensons avoir démontré deux choses :

Il n'y a aucune raison a priori que cela se produise :

1) Si la maîtrise de la langue étrangère est instaurée

assez tôt, elle pourra atteindre plus tard un niveau comparable à celui de la langue principale.

2) Si le ou les parents étrangers utilisent aussi exclusivement que possible leur langue avec l'enfant, ces fondements devraient être fermement établis à l'âge de huit ans.

J'ai raisonné jusqu'ici comme s'il suffisait (si l'on peut dire) de persévérer dans la pratique de la langue étrangère pour préserver les chances de l'enfant bilingue de parvenir, une fois adulte, à une maîtrise quasi équivalente dans les deux langues.

Il est toutefois évident que c'est là un simple minimum. Les parents qui en ont les moyens et le désir peuvent aider leur enfant à élever sa maîtrise de la langue étrangère bien au-dessus du niveau de la conversation quotidienne.

Des situations similaires peuvent recouvrir des disparités considérables. Pour deux enfants différents, le fait d'avoir une mère étrangère ne représente pas le même vécu. Les variables sont multiples : de combien de temps dispose-t-elle pour s'occuper du gosse ? Quel est son rapport affectif avec lui ? Quel est son niveau de culture et celui de son conjoint ? Discute-t-on d'autres choses dans la famille que de vétilles quotidiennes ? (D'ailleurs l'enfant unilingue est placé à la même enseigne et, dans des conditions défavorables, son niveau d'expression peut être inférieur à celui d'un enfant bilingue du même âge.)

Le parent étranger s'entretiendra donc le plus possible avec son enfant, et point seulement de balivernes. Il lui racontera des histoires de sa propre enfance au pays natal — les enfants adorent entendre les grands parler de « quand ils étaient petits ». Il lui parlera de ses ancêtres et, s'il n'a pas l'occasion d'y aller, de la vie là-bas. Il discutera avec lui des sujets les plus variés et, notamment, de ceux qui sont au programme à l'école. Il arrivera que l'enfant parle dans la langue locale de ce qu'il étudie, auquel cas le parent n'exigera pas, de façon autoritaire, qu'il revienne dans la langue étrangère mais lui en fournira plutôt les moyens en lui suggérant les mots qui lui manquent. Pour sa part, il continuera, comme toujours, dans sa propre langue.

Les disques, les cassettes, la vidéo permettent également d'enrichir le vocabulaire d'un enfant. Les parents particulièrement disponibles peuvent même utiliser ces instruments de façon active.

Enfin, n'oublions pas les livres.

Jusqu'à ce que l'enfant ait appris à lire, on lui fera la lecture. Peu d'enfants résistent au plaisir d'entendre leurs parents leur lire des histoires, et le support visuel permet de les initier à de nouveaux domaines du vocabulaire.

Quand les parents discutent de l'éducation bilingue des enfants, une question surgit souvent : à quel âge convient-il d'apprendre à l'enfant à lire et à écrire la langue étrangère ? En règle générale, il ne faut pas forcer les choses avant que l'enfant ait appris à lire la langue locale. En anglais, par exemple, le rapport complexe entre l'orthographe et la prononciation est déjà assez difficile à assimiler sans que l'on ait besoin de pousser l'enfant à apprendre en même temps un autre système. Bien sûr, on ne freinera pas dans son élan un enfant qui, avant même d'aller à l'école, reconnaît déjà les lettres et décrypte des mots faciles. Mais on ne se lancera pas dans un apprentissage systématique de la forme écrite de la langue étrangère avant que celle de la langue du pays soit bien assimilée.

En fait, que se passe-t-il le plus souvent ? Dès qu'un

enfant s'exprime aisément dans la langue étrangère, dès qu'il a appris à lire à l'école, sa curiosité naturelle le conduira à tenter de décoder les mots de ses livres étrangers (s'il s'agit du même alphabet) ; il connaît déjà le contenu des histoires que ses parents lui ont lues et les images sont là pour lui en rappeler la trame ; peu à peu, il découvre le rapport entre la prononciation et les lettres.

(Soit dit en passant, il convient quand on lit à un enfant — quel qu'il soit — de lui présenter l'ouvrage de façon correcte : d'assez près, et à l'endroit. Cela ne peut que faciliter l'éveil à la lecture.)

Mrs. B., une Américaine qui élève ses enfants avec un Français, avait toujours parlé en anglais à ses enfants et leur avait toujours lu des histoires dans cette langue. Elle n'avait jamais appris à lire l'anglais à son fils. Un jour, soudain, elle fut stupéfaite de voir son bambin déchiffrer les mots, suivre les caractères imprimés des yeux — et lire l'histoire à voix basse !

Il va de soi que l'aptitude à lire la langue étrangère ne garantit en rien que l'enfant déploiera une maîtrise linguistique et culturelle dépassant le niveau de la conversation quotidienne. Mais elle lui offre au moins cette possibilité, surtout si la faconde des parents est stimulante.

Papa et maman devront être réalistes. Même si le « niveau de culture » de leur bambin surdoué est exceptionnel, même s'il excelle dans sa langue étrangère, même s'il dévore des tonnes de haute littérature, il n'aura pas la même culture, au sens large, que les enfants nés là-bas. Chacun vit sa propre enfance ; et le langage avec toutes ses résonances, avec toutes ses connotations, est profondément intégré à l'expérience vécue de l'enfant. Une Française dont les enfants vivent aux États-Unis ne devrait donc point s'étonner, lorsqu'elle rentre en vacances dans l'Hexagone, que sa fille — malgré un français parfait — ne soit pas une petite Française parfaite, qu'elle ait besoin de temps pour s'adapter aux jeux, aux coutumes et aux préoccupations de ses cousins et que, tout compte fait, elle soit bien contente de retrouver ses copains et copines américains.

Et il n'y a vraiment pas de quoi en faire tout un plat ! Après tout, l'enfant bilingue a bien de la chance. S'il fréquente l'école locale, il aura accès à la culture et aux valeurs du pays, d'une façon simplement un peu différente de celle de l'enfant autochtone. Et puis il bénéficie des immenses avantages qu'apporte le bilinguisme : une aptitude plus poussée à la réflexion abstraite, une façon de penser plus souple et une facilité à apprendre les langues en général ; il a la possibilité de hisser sa seconde langue à un niveau déjà tout à fait respectable avant même l'âge adulte. C'est déjà assez pour apprécier un autre mode d'être, de penser, de s'exprimer. Enfin et surtout, quand il sera adulte, la voie d'accès royale à une autre culture lui sera grande ouverte.

Bilinguisme = médiocrité ?

On dit souvent qu'une personne parlant deux langues « intimement », « naturellement » — bref, depuis l'enfance — ne dépassera jamais un niveau relativement médiocre dans les deux. On reconnaît là, sous une forme légèrement différente, une croyance têtue que nous avons déjà eu l'occasion de dénoncer : la seconde langue empêcherait l'enfant de développer normalement la première. On s'imagine que le cerveau est comme un pot de fleurs d'une capacité limitée, contenant juste assez de terre pour qu'une seule plante y pousse. Et puis, pense-t-on (bien à tort !), il y a une limite à la maîtrise qu'un individu peut atteindre dans une langue donnée.

L'idée même d'une maîtrise « parfaite » de la langue est un non-sens. Même le causeur le plus communicatif, l'écrivain le plus stylé, l'orateur le plus éloquent ont encore bien des subtilités à apprendre...

Bien sûr, l'apprentissage d'une langue passe par l'expérience vécue. Et une connaissance « naturelle » (c'est-à-dire directe, sans la médiation d'une autre langue) devra être apprise au cours de l'enfance. Mais, objectera-t-on, à cette époque de la vie, comme aux autres, le nombre d'expériences que l'on peut vivre est limité dans le temps ; le matériau même dont se nourrit l'apprentissage d'une langue est donc limité aussi. Qu'est-ce qui nous prouve qu'une langue ne s'approprie pas l'expérience qui aurait pu être vécue dans une autre ? Et, si tel est le cas, ne fait-elle pas obstacle à son développement ?

Cette objection paraît plausible — sur le papier. Mais, dans les faits, n'importe quel enfant moyen se révèle parfaitement capable d'apprendre deux, sinon trois ou quatre langues, et acquiert dans chacune d'entre elles une base lui permettant de la développer à l'infini.

A vrai dire, je suis profondément convaincue de ceci : la connaissance profonde, pénétrante et subtile d'une ou de plusieurs langues n'est pas une question de nombre mais de pratique, de passion, de motivation et d'amour pour le langage — de désir de communiquer avec les autres. La plupart des gens qui parlent une seule langue n'en connaissent guère les nuances et la diversité ! Si l'on recensait le nombre de mots, d'expressions et de combinaisons verbales utilisés par un échantillon représentatif d'une population « monolingue », le tableau ne serait guère flatteur : au bas de l'échelle, une minorité très pauvre ; au milieu, une majorité « moyenne » ; en haut, quelques « riches ». Un même sondage effectué sur des adultes bilingues (dans l'une ou l'autre de leurs langues, ou même les deux) donnerait sans doute des résultats identiques — avec, peut-être, davantage de gens au sommet —, car la connaissance d'une seconde langue a tendance à éveiller l'intérêt pour le langage en général.

Plusieurs parents m'ont fait part du phénomène suivant : très tôt, vers trois ou quatre ans, leurs enfants ont manifesté une plus grande curiosité pour les mots et le langage en général que les autres enfants. Rien de surprenant à cela : le fait d'avoir plusieurs mots pour désigner le même objet remet en cause le rapport entre les mots et les choses. Or, ce rapport est accepté comme allant de soi dans le monde du « monolingue ». A première vue, cette énigme déstabilise l'individu, qui est contraint d'envisager la réalité au-delà des mots qui la décrivent et la structurent. Mais, du même coup, elle lui insuffle une force créatrice, un dynamisme, une appréciation du langage hors du commun. Elsa Triolet, une illustre bilingue, a écrit : « Rien n'éclaire mieux les sentiers de la création que de traduire d'une langue à l'autre. » Aux sceptiques, je ne puis que suggérer la lecture de Conrad, de Borges, de Kafka... S'ils sont de bonne foi, ils changeront sûrement leur opinion sur la question...

Les écoles spécialisées

Je n'aborde pas ici la question des résultats scolaires des enfants bilingues. Je me contente d'étudier les aspects de la question scolaire qui ont été spontanément évoqués par les parents interrogés ou qui semblaient les préoccuper le plus fréquemment.

Il existe trois types d'écoles qui dispensent une partie de leur enseignement dans une langue différente de celle du pays : les *écoles internationales*, les *écoles bilingues* et les *écoles étrangères* implantées dans le pays, comme l'American School in Paris ou le Lycée français de Londres. Ces trois types d'institutions répondent à des besoins différents.

Le programme en vigueur dans une *école étrangère* est calqué sur celui du pays d'origine. Il est toutefois modifié afin de faire une large part à la culture et à la langue locale. Une telle école permet donc aux enfants étrangers résidant dans le pays pour une durée de temps limitée de suivre le même type d'études qu'ils auraient effectuées dans leur propre pays, de se préparer aux mêmes examens et de rentrer dans le giron du système à leur retour — sans subir de retard. En même temps, on y offre aux élèves la possibilité d'apprendre la langue du cru et donc de mieux s'adapter à la vie de leur pays d'accueil.

Prenons le cas d'une famille dont les enfants sont au collège ou au lycée et qui retournera au bercail dans deux, trois ans ou, du moins, avant que les enfants aient pu achever un cycle du système scolaire local. L'école étrangère apparaît comme la seule solution, à moins de laisser les enfants en pension au pays d'origine. Bien sûr, les parents peuvent, en théorie, éduquer eux-mêmes leurs enfants. Mais, outre les problèmes pratiques et juridiques que soulève cette entreprise très difficile, elle est souvent source de problèmes relationnels complexes.

Il s'avère parfois impossible d'inscrire l'enfant dans une école étrangère : pour des raisons géographiques (de telles écoles n'existent que pour les langues « internationales » et dans les grandes métropoles cosmopolites), financières (elles sont chères !) ou autres (nombre de places limité, etc.). Dans de tels cas, les parents devraient y réfléchir à deux fois avant de prendre la moindre initiative. Nous pouvons supposer, s'ils ont l'intention de retourner dans leur pays, qu'ils l'ont quitté de leur plein gré (et non de force, comme des réfugiés ou des exilés). La question est la suivante : a-t-on le droit de perturber la scolarité d'un enfant (ce qui est presque inévitable si celui-ci n'a pas accès à une école étrangère) pour des raisons professionnelles, financières ou de satisfaction personnelle ?

Le problème se pose surtout pour les collégiens ou les lycéens. En ce qui concerne les enfants plus jeunes (à l'école maternelle ou primaire), l'objectif sera plutôt d'assurer qu'ils utilisent intensivement la langue du pays d'origine tout en s'adaptant à la langue locale.

Les *écoles bilingues* se conforment en général aux programmes pédagogiques locaux et préparent les élèves aux examens du pays d'accueil. Toutefois, l'instruction y est dispensée dans les deux langues. On y accueille :

— les enfants autochtones auxquels leurs parents souhaitent donner une éducation bilingue ;

— les enfants déjà bilingues (par exemple, issus d'un mariage mixte) et auxquels les parents désirent assurer un bilinguisme plus équilibré que s'ils fréquentaient l'école locale ;

— les enfants qui viennent d'arriver dans le pays et seraient incapables de suivre l'enseignement local.

Nous ne traiterons pas ici de la première catégorie (enfants autochtones dont les parents voudraient qu'ils reçoivent une éducation bilingue). Espérons simplement que, dans un avenir pas trop lointain, les immenses avantages de l'apprentissage précoce des langues seront enfin reconnus et que tous les enfants bénéficieront de ce qui demeure encore un privilège réservé à une minorité.

Pour la deuxième catégorie (enfants qui parlent déjà deux langues), l'école bilingue n'est pas indispensable. Mais elle peut se révéler utile : elle renforce la langue « étrangère » lorsque celle-ci cède du terrain à la maison ou permet, tout simplement, à l'enfant de la cultiver davantage. Incontestablement, une telle école peut aider l'enfant à atteindre un meilleur équilibre entre ses deux langues. De fait, celui qui parle exclusivement la langue « étrangère » chez lui, la langue locale à l'extérieur, et qui fréquente une école bilingue, a de grandes chances de vivre ses deux modes d'appréhension du réel comme des centres également importants de lui-même.

Pour la troisième catégorie, celle des enfants qui viennent d'arriver dans le pays et n'en comprennent pas encore la langue, l'école bilingue est une quasi-nécessité. Je parle ici, bien entendu, des enfants de plus de huit ans. Avant cet âge, nous l'avons vu, la plasticité des structures du cerveau est telle que l'enfant peut assimiler aisément et rapidement une nouvelle langue ; on note, bien sûr, des différences considérables d'un enfant à l'autre, mais en général ils s'adaptent sans perturbations psychologiques excessives au changement total de situation, de pays, de langue, de coutumes, d'école et de camarades. D'ailleurs, jusqu'à cet âge, les programmes scolaires ne sont pas encore trop rigides, et la scolarité de l'enfant n'est pas irrémédiablement compromise en cas de changement de pays. Plus tard, la situation est différente — et c'est là que l'école bilingue joue un rôle indispensable.

Toutes les écoles bilingues offrent, à divers niveaux et pour des groupes d'âges différents, des cours spéciaux de langues permettant aux élèves de perfectionner l'une ou l'autre de leurs langues — ou même les deux. Encore une fois, les familles qui changent de pays sans avoir prévu, pour leurs enfants âgés de plus de huit ans, une période de transition et d'adaptation dans une école bilingue leur font courir un risque sérieux. Il arrive, bien entendu, que cette solution soit impossible, auquel cas l'enfant devra tout simplement s'ajuster de son mieux. Heureusement, dans les grandes villes des pays développés, il existe souvent des cours de langue pour adultes, et les écoles qui accueillent une forte proportion d'enfants immigrants offrent des cours intensifs d'initiation à la langue locale. Or, les étrangers ont tendance à résider dans les grandes agglomérations de leur pays d'adoption ; on peut donc espérer que peu d'enfants se trouvent privés de tout moyen de communication avec le monde extérieur pendant plus de quelques semaines.

En tout cas, les rares parents qui ont la possibilité d'inscrire leur enfant dans une école bilingue, au moins pendant la période de transition, devraient saisir cette chance d'atténuer le traumatisme inévitable du déracinement.

Les *écoles internationales,* quant à elles, recouvrent à la fois les écoles bilingues et les écoles qui dispensent leur enseignement en plusieurs langues. Leurs programmes peuvent être ceux du pays ou ceux de pays étrangers. Les avantages qu'ils offrent aux parents d'enfants bilingues sont donc, pour l'essentiel, les mêmes que ceux que nous venons de décrire. Les enfants y connaîtront une atmosphère authentiquement internationale et ceux dont les parents migrent fréquemment de pays en pays y trouveront une certaine continuité linguistique — dont l'importance ne saurait être négligée.

Plusieurs parents m'ont confié n'avoir pas souhaité que leur enfant fréquente une école bilingue ou internationale, de peur qu'il ne devienne quelque peu marginal par rapport à la société locale. Une telle crainte se comprend. Il ne fait aucun doute que les élèves de ces écoles sont souvent issus de familles privilégiées, financièrement et culturellement ; l'ambiance ainsi que les valeurs dans ces écoles cosmopolites sont différentes de celles qui règnent dans une école de quartier. D'un autre côté, du fait même qu'ils sont d'origine étrangère et qu'ils connaissent la langue et la culture d'un autre pays, ces enfants sont de toute façon différents de leurs petits camarades autochtones. Le souci de ces parents de voir leurs enfants s'intégrer harmonieusement dans la société locale est tout à fait légitime. Mais, en l'occurrence, ils ne vont pas jusqu'au bout de leur logique. S'ils avaient peur que leurs enfants ne soient différents, ils auraient dû éviter de leur parler une langue étrangère.

En fait, tous les parents qui ont exprimé de telles craintes étaient les partenaires étrangers d'un mariage mixte et ils avaient tout naturellement pratiqué leur langue natale avec l'enfant. Ils ne ressemblaient en rien à ces quelques parents étrangers que j'ai rencontrés, qui n'avaient jamais parlé un traître mot de leur langue à leurs enfants et qui faisaient tout pour faire oublier leur origine. Ils n'étaient pas non plus comme ces couples qui envoient leurs enfants dans des écoles internationales dans l'espoir qu'ils se mêleront aux enfants de leur propre pays plutôt qu'aux enfants autochtones. De telles attitudes sont néfastes pour l'enfant : elles ne prennent pas en compte sa situation concrète. Les parents projettent sur lui leur propre sentiment d'aliénation, alors qu'un enfant qui grandit dans un pays n'y est certainement pas un « étranger ». Nos parents bien intentionnés, pour revenir à eux, n'étaient peut-être pas très bien intégrés dans leur nouveau pays et s'inquiétaient outre mesure pour leurs enfants — tout en exigeant fermement d'eux qu'ils apprennent la langue étrangère et qu'ils maintiennent leur double identité. Or, c'est précisément cette ambiguïté qui risque de perturber l'enfant. Élever un enfant dans deux cultures est une tâche délicate : à chaque nouvelle décision, il faut considérer le plus objectivement possible ce qui est le meilleur pour lui. Une fois la décision prise, il faut l'assumer avec confiance et sérénité. Ainsi, quelle que soit l'identité dans laquelle il se reconnaît, il saura que ses parents sont fiers de lui.

Problèmes d'orthographe

Quelques parents d'enfants en bas âge, ou futurs parents, redoutent les risques de confusion entre les deux langues, non seulement au niveau oral, mais également au niveau écrit — et, en particulier, dans le domaine de l'orthographe. Sur plus de cent parents interrogés, seuls deux considèrent que leurs enfants ou eux-mêmes (s'ils sont bilingues depuis l'enfance) ont éprouvé des difficultés particulières en orthographe. Et même ces deux-là n'estiment pas que ces difficultés sont dues à leur bilinguisme. Cela confirme l'opinion des spécialistes qui considèrent qu'il n'existe aucun rapport particulier entre le bilinguisme et les problèmes d'orthographe.

Il semble bien que les deux langues ne débordent l'une sur l'autre ni au niveau écrit ni au niveau oral : chaque langue a en effet acquis une existence indépendante et autonome dans le cerveau de l'enfant entre quatre et six ans. (Une condition cependant : que l'on n'ait pas commis l'erreur d'apprendre à l'enfant à lire dans la seconde langue avant qu'il ait maîtrisé la lecture dans la première.)

Assurément, lorsque deux langues sont relativement proches, il y aura toujours des lapsus, des dérapages de temps à autre. Il semble inévitable que l'enfant anglo-français écrive à l'occasion « address » en anglais avec un « d » et « adresse » en français avec deux « d ». Les parents, les maîtres et l'enfant lui-même devront être vigilants. Mais, tout compte fait, ce n'est pas là un problème très grave. Il se pourrait même que l'intérêt particulier que l'enfant bilingue manifeste dès son plus jeune âge pour le langage compense largement les effets négatifs de si légères confusions.

La deuxième langue : un poids supplémentaire ?

Autre question souvent évoquée : la connaissance et la pratique d'une seconde langue (par exemple, à la maison avec la famille « étrangère ») représentent-elles un fardeau supplémentaire pour l'enfant plus âgé qui croule déjà sous le poids du travail scolaire ?

Je ne pense pas qu'il s'agisse là d'un vrai problème. Chez l'adulte, l'apprentissage d'une langue étrangère est un processus laborieux ; mais le jeune enfant l'assimile naturellement et sans effort. Pour un enfant qui a toujours parlé deux langues chez lui, celles-ci ne sont nullement un « fardeau ». Il s'agit de deux modes intériorisés de perception. Or, la perception n'est pas en soi un « effort ». Assurément, l'enfant qui a parlé jusqu'alors uniquement la langue étrangère traversera une période d'adaptation, plus ou moins déstabilisante selon son âge et ses conditions familiales ; mais, même au cours de cette phase, les notions d'« effort » ou de « poids » ne s'appliquent pas : l'enfant « attrape », comme on dit, la nouvelle langue. Le seul aspect de son éducation bilingue dont on puisse dire qu'il exige un effort est le suivant : il doit apprendre à lire et à écrire une langue qu'il n'a fait, jusqu'ici, que parler. Si c'est déjà fait dans sa première langue, il existe une méthode facile : prendre l'enfant sur ses genoux et lui faire la lecture ; en suivant les mots des yeux et même du doigt, il apprendra à lire naturellement la deuxième langue, en jouant. Il faudra prendre son temps et ne point forcer les choses, afin de conserver à l'activité toute sa saveur ludique.

(Si les deux langues sont éloignées l'une de l'autre et n'utilisent pas le même alphabet, apprendre à lire la seconde langue représente effectivement une charge supplémentaire de travail ; on attendra donc un moment où l'enfant est motivé pour apprendre, et n'éprouve pas de difficultés à l'école.)

Autres langues

Lorsque la langue « étrangère » d'un enfant bilingue est d'un usage international courant (anglais, français, allemand, espagnol, russe), et donc une langue employée dans le secondaire, l'enfant jouira d'une position nettement avantageuse à l'école. Il pourra choisir d'y étudier « sa » langue étrangère et d'en perfectionner la connaissance. Et son fardeau de travail scolaire en sera d'autant allégé ! Cette solution s'impose lorsque l'enfant éprouve des difficultés à suivre le programme et ne se montre pas particulièrement motivé — tout en ayant, par ailleurs, de nombreuses autres activités.

Cependant, l'enfant qui aime l'école et travaille bien aura tout intérêt, même si sa seconde langue nécessite un « décrassage », de profiter de son « don acquis » pour les langues pour en apprendre une troisième. Si l'enfant adopte une filière où deux langues étrangères sont au programme, il vaut mieux choisir la nouvelle langue en premier, et celle qu'il connaît déjà en second.

Personne ne conteste que le bilinguisme précoce crée une aptitude à apprendre d'autres langues tout au long de la vie. Nombre des parents interviewés me l'ont fait remarquer sans que j'aie moi-même soulevé la question. L'enfant bilingue est conscient de la nature arbitraire du langage, il n'est pas attaché, comme le monolingue, à une interprétation unilatérale de la réalité. De plus, il a acquis une sensibilité et une souplesse intellectuelles, auditives et orales qui le rendent apte à entendre et à reproduire les sons d'une nouvelle langue, à assimiler et à recréer ses structures grammaticales, ainsi qu'à percevoir ses résonances émotionnelles et culturelles.

A la question de savoir quels avantages leurs enfants, ou eux-mêmes, avaient tirés de leur bi- ou multilinguisme précoce, nombre de mes correspondants ont répondu en premier lieu : la faculté d'en apprendre d'autres. Bien souvent, ils n'ont même pas cité les autres atouts évidents du bilingue, comme l'accès aux autres cultures, la tolérance, un esprit ouvert — peut-être estimaient-ils que ces qualités allaient sans dire. En revanche, ils ont insisté sur l'aisance et le plaisir qu'ils avaient éprouvés à acquérir la maîtrise d'autres langues. Cette « agilité » linguistique a été notée par plusieurs professeurs de langue : les étudiants bi- ou multilingues depuis l'enfance apprenaient plus facilement une nouvelle langue que les « monolingues ». Un père a même expliqué qu'il avait éduqué ses enfants de façon « multilingue » afin de leur donner le goût de l'apprentissage des langues.

Les exemples qui lui donnent raison sont trop nombreux pour être tous cités ici. Aussi me limiterai-je à celui de Mme V., une Américaine qui vivait à Paris et dont les deux fils étaient trilingues. Ils avaient appris le français avec leur père en vivant en France, l'anglais avec leur mère, et l'espagnol avec la femme qui s'occupait d'eux quand ils étaient petits. L'aîné était, lors de mon enquête, en Chine — où il apprenait le chinois ; le cadet, qui avait appris l'italien avec un jeune ami pour le plaisir, se passionnait à présent pour le russe. Mme V. en venait presque à regretter qu'ils fussent trilingues, car l'apprentissage des langues leur était si aisé et si agréable qu'ils ne voulaient rien faire d'autre !

La connaissance de deux langues n'est donc pas, le plus souvent, la source de difficultés à l'école. Certes, l'enfant qui a parlé exclusivement sa langue « étrangère » chez lui, ou encore l'enfant qui vient d'arriver dans son nouveau pays traversera une période de transition : pendant deux ou même trois ans, il devra apprendre sa nouvelle langue et s'adapter à de nouvelles façons de penser et de se comporter. Tant qu'il n'aura pas rattrapé les autres enfants, il sera un peu handicapé et son ego sera fragilisé. Nous avons déjà énuméré les précautions à prendre pour réduire les risques qu'implique cette situation. (Voir chapitre 5.)

Les résultats de notre enquête peuvent être critiqués. On arguera que bien peu de parents sont prêts à admettre que leur choix dans un domaine aussi essentiel que l'éducation bilingue de leurs enfants ait pu se révéler erroné. Toutefois, il est à noter qu'aucun de mes correspondants, même parmi ceux qui étaient sceptiques quant aux avantages du bilinguisme, n'a établi un rapport entre celui-ci et les problèmes de développement intellectuel ou de performance scolaire.

Brillant et rebelle

Cependant, quelques-uns de mes correspondants ont observé chez leur enfant une attitude insoumise et rebelle à l'encontre de l'école en général. C'est là un phénomène significatif, qui illustre l'influence des parents. Il révèle, en outre, que ceux-ci nourrissent parfois des sentiments fort ambigus quant à leur identité et celle de leur enfant.

Tous ces parents considéraient que leur enfant était d'une intelligence supérieure à la moyenne. Dans la mesure où j'ai pu vérifier leurs dires, ce n'était pas là une fanfaronnade — les gamins que j'ai rencontrés m'ont paru, effectivement, brillants et doués. Mais, en même temps, ces parents s'inquiétaient de leur attitude critique et insubordonnée à l'école : absences répétées, manque d'intérêt dans la plupart des matières, conduite indisciplinée, sentiments négatifs envers les professeurs.

Les parents ne se rendaient pas compte qu'ils avaient eux-mêmes semé les germes de cette rébellion en critiquant le système scolaire. Il s'agissait dans tous les cas de mères (Anglaises, Américaines ainsi qu'une Indienne vivant en France). Elles n'appréciaient guère le système éducatif français avec sa bureaucratie hypercentralisée, son monolithisme et sa rigidité. Ces femmes étaient de toute évidence intelligentes et sensibles ; et pourtant, elles paraissaient ne pas saisir le rapport entre le refus de leurs enfants de s'intégrer au système scolaire local et le fait qu'elles critiquaient celui-ci ouvertement. Leur inquiétude était authentique mais, au fond d'elles-mêmes, elles étaient fières du non-conformisme de leurs bambins. Elles ne semblaient pas conscientes de l'incohérence de leur attitude.

Cette ambiguïté est parfaitement compréhensible mais ne facilite pas les choses pour l'enfant. L'opinion des parents influence beaucoup son comportement. Ceux qui critiquent ouvertement l'école ou les professeurs ne devraient pas se montrer surpris et choqués de l'insolence de leurs chérubins. La situation de l'enfant bilingue est déjà en elle-même plus contradictoire, plus fragile et plus « volatile » que celle de ses camarades monolingues. Si les parents ne font pas preuve d'un minimum de cohérence, elle peut devenir carrément intenable.

Nous n'entendons pas par là que le parent doive accepter ou rejeter le système éducatif en bloc, afin de présenter à l'enfant une opinion carrée et monolithique. Mais les opinions qu'il émet doivent être soupesées et argumentées dans des termes que l'enfant peut saisir. Approbation ou critique, tout jugement doit s'inscrire de façon cohérente dans le système global de valeurs que, par ailleurs, l'on prône. Et surtout, il doit être épuré de toute scorie nationaliste, raciste, émotive. Le conformisme béat ou, au contraire, le ressentiment refoulé sont les problèmes des parents — pas de l'enfant. Quelle que soit la position que l'on défende vis-à-vis du système, il ne faut pas laisser croire à l'enfant que celui-ci est bon ou mauvais parce qu'il est français, indien ou javanais, mais pour des raisons qui lui sont intrinsèques.

Cette question illustre à elle seule bien des aspects abordés au cours de notre étude. Quels sont à notre sens les principes fondamentaux qui guident l'éducation d'un enfant possédant deux langues et deux cultures ?

Tout d'abord, il faut éviter les jugements généraux, qui forment le terreau même du racisme. Car, enfin, pourquoi enseignons-nous à nos enfants des langues étrangères si ce n'est pour leur permettre de communiquer avec des êtres humains d'autres pays, et de les rencontrer en tant qu'individus et non plus simplement comme membres d'une autre race et d'un autre peuple ? Nous pouvons ne pas apprécier une personne à cause de son caractère ou de son comportement mais non du fait de sa simple appartenance à un autre groupe ethnique et culturel. Dans cette étude, nous avons considéré les individus dans leur singularité. En prenant en compte la situation *globale* de l'enfant bilingue, nous avons tenté d'en finir avec les généralités sur le « bilinguisme en général ». Le bilinguisme dans une société « monolingue » n'est pas un phénomène isolé mais résulte de la combinaison de plusieurs facteurs qui lui sont liés et dont dépend sa réussite.

Ensuite, chaque cas de bilinguisme étant unique, il n'existe pas de recette miracle pour rendre un enfant bilingue en dix leçons. D'un autre côté, s'il n'existe pas deux cas identiques, ceux-ci peuvent présenter bien des similitudes. Nous avons tenté d'éclairer la situation bilingue sous ses angles les plus divers afin de permettre aux parents de choisir leur stratégie en toute connaissance de cause.

Enfin, il est essentiel que le parent ne projette pas l'ombre de sa propre situation et, en particulier, ses aspects les plus négatifs sur l'enfant. Celui-ci, en tant qu'être unique, a droit au respect. La langue à laquelle il sera initié ne doit pas mener à une arène où il sera contraint de combattre les démons de ses parents, mais être une porte grande ouverte sur une vie plus riche et plus heureuse.

CONCLUSION

A la lumière de nos connaissances actuelles sur le fonctionnement du cerveau humain et les capacités d'accumulation linguistique des enfants, il est clair que le bilinguisme devrait être généralisé : tous les enfants devraient être initiés à des langues étrangères. Celles-ci ne devraient pas seulement constituer des matières au programme, mais aussi servir de véhicule éducatif — et ce, le plus tôt possible dans la vie des enfants.

En attendant, de nombreux parents se trouvent confrontés à un problème immédiat : comment permettre à leur enfant de saisir la chance qui leur est offerte de devenir bilingue — dans une société où le phénomène reste marginal ?

Laissons la parole, à ce sujet, à un parent perspicace :

« Le bilinguisme ne doit pas devenir une fin en soi. Je ne suis pas sûre que Ruth sera parfaitement bilingue à vingt ans. Et je ne troquerais en aucun cas son bonheur personnel contre ma satisfaction de la voir posséder parfaitement deux langues. Ce que le bilinguisme apporte de plus précieux, ce n'est pas le don d'impressionner les autres, mais la tolérance, l'ouverture d'esprit et la curiosité de faire connaissance avec l'ailleurs. »

Cette mère me paraît avoir fort bien résumé ce que devrait être l'attitude des parents d'un enfant potentiellement bilingue. Elle est pleinement consciente des avantages qu'offre le bilinguisme et serait heureuse de voir sa fille en bénéficier. D'un autre côté, elle sait que la situation de sa fille, issue d'une union mixte, est fragile : elle n'est pas fanatiquement déterminée, comme le sont — hélas — trop de parents, à lui faire atteindre un bilinguisme parfait, à n'importe quel prix. Et surtout, elle est consciente de l'ambiguïté de son rôle, en tant que parent, dans l'affaire : elle sait qu'il y va du bonheur de sa fille. Elle prend soin de démêler, parmi ses motivations, celles qui ne concernent que le bien de l'enfant de celles, plus complexes, mettant en jeu sa propre vanité, son ambition, ses sentiments refoulés, etc.

Pour résumer, nous dirons qu'une éducation bilingue exige, de la part des parents, une *attitude positive et non obsessionnelle* et *un respect* à l'égard de l'enfant. Elle ne doit jamais servir de tremplin aux aspirations de ses parents.

Il ne reste pas grand-chose à ajouter sur la question de l'apprentissage concret de la deuxième langue. Selon les situations, il aura lieu dès la naissance ou lors de l'entrée à l'école — à la maison ou dans le monde extérieur.

L'assimilation naturelle d'une langue devra :

1) *s'effectuer à un très jeune âge et s'étendre sur une durée de temps suffisante ;*

2) *avoir lieu dans les situations où le besoin de communiquer surgit spontanément.*

Nous pensons avoir amplement démontré que le bilinguisme n'est pas, *en soi,* nuisible à l'enfant. Il est clair désormais que la maîtrise naturelle de deux langues ne fait nullement obstacle au bien-être moral ou intellectuel d'un enfant (ou de l'adulte qu'il deviendra). D'ailleurs, dans une société « monolingue », la notion de bilinguisme « en soi » n'a pas de sens. Le bilinguisme dépend d'une foule d'autres données dont on ne saurait le séparer. Ces données constituent, en fait, la clé du « succès ». Ce sont elles qui font de chaque bilingue un cas unique, différent. Notre étude se fonde principalement sur ces données.

Lewis Balkan a écrit :

« Tout apprentissage laissé au hasard des circonstances est d'emblée voué à l'échec. »

C'est là une sentence quelque peu extrême. Convenons cependant qu'un tel apprentissage est, pour le moins, une entreprise risquée. Nous avons tenté d'examiner minutieusement les circonstances dans lesquelles l'enfant devient bilingue. Souhaitons que cette étude aide bien des parents à réaliser cette autre proposition de Balkan :

« Tout apprentissage soigneusement défini, préparé et maintenu dans des conditions de tolérance, de compréhension et de bien-être, est d'emblée voué à la réussite. »

ÉPILOGUE

Je ne saurais, en tout honnêteté, clore sans évoquer le cas de mes propres enfants. Quand j'ai commencé à approfondir la question du bilinguisme, ma fille Clara avait deux ans ; pour les raisons que j'ai expliquées dans l'introduction, mon conjoint et moi-même avions décidé de lui parler seulement en français au début, et de l'initier à l'anglais à l'âge de trois ans. C'était une erreur. En effet, à cet âge, sa capacité à comprendre et à s'exprimer en français était déjà bien trop développée pour qu'elle ait encore des motivations concrètes d'apprendre l'anglais. Pourquoi lutter pour comprendre, ou se faire comprendre, dans une deuxième langue quand on s'exprime déjà parfaitement dans sa langue maternelle ?

Au départ, elle se prit au jeu, puis, très vite, l'amusement céda le pas à l'énervement et, enfin, au refus pur et simple. Lorsque j'ai tenté d'insister, il y eut des crises et des larmes. Son aversion pour la langue commença à s'étendre à tout ce qui touchait de près ou de loin à l'anglais, y compris mes amis et ma famille. Je me suis alors rendu compte que, si je voulais sauvegarder la qualité de notre rapport, il valait mieux, pour l'instant, que je renonce à lui imposer ma langue. À l'époque où j'ai pris conscience de mon erreur, mon fils était dans sa seconde année, dans une phase cruciale de la période d'apprentissage du langage. Ce n'était certainement pas un bon moment pour réparer mon erreur en changeant de langue avec lui.

A présent, âgés de huit et six ans, mes deux premiers enfants sont éveillés, heureux et créatifs. Ils ont une compréhension passive assez étendue en anglais et sont ravis d'avoir une mère qui pourra les aider quand ils apprendront l'anglais à l'école. D'ailleurs, ils commencent à l'utiliser activement avec leur petit frère auquel je n'ai parlé que l'anglais dès sa naissance. Cependant, les deux aînés ne sont pas bilingues, au sens strict du terme, et ne le seront peut-être jamais.

J'avais tort et mes amis avaient raison. C'est dommage, mais ce n'est pas grave. Si la présente étude peut aider d'autres parents à éviter de commettre certaines erreurs, la mienne n'aura pas été inutile. Et mes regrets en seront certainement atténués.

BIBLIOGRAPHIE

ADLER Max, *Collective and Individual Bilingualism,* Hamburg, Helmut Buske Verlag, 1977.

AIMARD Paule, *L'Enfant et son langage,* Villeurbanne, Éditions SIMEP, 1972.

Association of American Wives of Europeans, *Guide Lines for Children's Bilingualism.*

BALKAN Lewis, *Les effets du bilinguisme français-anglais sur les aptitudes intellectuelles,* Bruxelles, A.I.M.A.V., 1970.

BERGERET Lazarine, *Causerie faite au Centre international d'études pédagogiques de Sèvres,* Paris, 1977.

BÉZIERS Monique et VAN OVERBEKE Maurice, *Le Bilinguisme — essai de définition et guide bibliographique,* Louvain, Librairie Universitaire, 1968.

CHAUCHARD Paul, *Le Langage et la Pensée,* Paris, P.U.F., 1983.

ESTIENNE Françoise, *Le Langage et l'Enfant,* Paris, Jean-Pierre Delarge, Éditions Universitaires, 1975.

ETIEMBLE, *Parlez-vous franglais ?* Paris, N.R.F., 1964.

HALLIDAY, *The Linguistic Sciences and Language Teaching,* London, Longmans, 1964.

MACKEY N.-F., *Language Teaching Analysis,* London, Longmans, 1965.

MARTINET A., *Éléments de linguistique générale,* Paris, Colin, 1960.

SAUSSURE F. DE, *Cours de linguistique générale,* Paris, Payot, 1977.

STEINER George, *Après Babel : une poétique du dire et de la traduction,* Paris, Albin Michel, 1978.

TITONE A., *Le Bilinguisme précoce,* Bruxelles, Charles Dessart, 1972.

VAN OVERBEKE Maurice, *Introduction au problème du bilinguisme.*

TOMATIS A., *L'Oreille et le Langage,* Paris, Le Seuil, 1965.

Collectif, *Du bilinguisme,* Paris, Éditions Denoël, 1985.

Critique, *Le Mythe de la langue universelle,* Paris, Éditions de Minuit, août-septembre 1979, n°s 387-388.

TABLE DES MATIÈRES

Deuxième partie

Cet ouvrage a été réalisé par

FIRMIN DIDOT

GROUPE CPI

Mesnil-sur-l'Estrée

pour le compte des Éditions Robert Laffont
24, avenue Marceau, 75008 Paris
en mars 2003

Imprimé en France
Dépôt légal : mars 2003
N° d'édition : 43867/01 – N° d'impression : 63411